선생님의 편지들을 읽으면서 위로를 받는다는 느낌이 정말 컸습니다. 힘들었던 시간들이 조금은 희망으로 다시 채워지는 느낌 가끔씩 다시 꺼내 천천히 읽어 보면 진심이 담긴 목소리였다는 것을 알 수 있었습니다. 힘들었던 수험 시절 저를 조금 더 일으켜 세워 준 힘이 담긴 편지였습니다!

지수

기숙학원에서의 재수기간 동안 유일하게 부담 없이 읽을 수 있는 글이었다. 특히 수학을 왜 해야 하는지 아주 명료하게 알려주어서 수학에 불만을 가졌던 나에게 많은 자극이 되었고 결국 성적 상승의 디딤돌이 되었다.

채호

선생님이 보내준 편지는 우리가 앞으로 맞닥뜨릴 수 있는 상황에 대한 질문을 스스로에게 던져 방향성을 갖게 하는 기회를 주었습니다.

하륜

공부에만 집중해야 하는 기숙학원의 환경에서 재훈쌤이 일주일에 두 번씩 남겨주시던 편지는 제게 잠시 휴식을 선사하며 다음 공부에 집중할 수 있도록 해주는 원동력을 주었습니다. 내가 왜 수학 공부를 해야 하는지 좀 더 폭넓게 생각해 볼 수 있었고, '내가 마케터라면 어떻게 했을까?'와 같은 생각해보지 못한 질문들을 통해 미래의 직업도 고민해 볼 수 있었습니다. 형준

재훈쌤의 편지는 한 해 동안 정말 힐링의 시간을 주었어요 ㅋㅋ 엉뚱한 질문은 정말 엉뚱한 것 같아 보이지만 수험 생활 중에 생각하는 시야를 넓혀주는 느낌이 들었습니다. 제게는 힘든 수험생활을 이겨내는 하나의 활력소이자 어떻게 살아가야겠다는 방향도 생각해 볼 기회를 줬던 것 같아요 ㅎㅎ 민석

제훈쌤의 편지는 우리가 하루 종일 수험생활에만 열중해서 가끔은 놓칠 수 있는 점들을 생각할 수 있는 기회를 주는 것 같습니다. 재미도 있고 가끔은 감동도 담겨있어서 매번 친구들에게 보여주면서 즐겁게 이야기 할 수 있었어요 지영

추천사

몇 해 전 추석 명절 때 차례를 지내러 큰집을 방문했을 때의 일이다. 철도공사에 근무하는 사촌 누님께서 대뜸 알고리즘이 그려진 종이를 내밀더니 무슨 뜻인지 모르겠다고 도움을 요청한 적이 있었다. 보아하니 철도시스템과 관련된 알고리즘이었다. 고등학교 수학 교과서에서나 봄직한 순서도를 현장업무에서 사용하는 것을 보니 반갑고 신기했다.

수학, 꼭 해야 하나요?

15년 동안 수학입시학원을 운영하면서 입회한 학생들에게 가장 많이 들었던 질문이다. 수학을 가르치고 성적을 높여야 하는 목표를 가지고 현장에서 강의를 하지만 "수학을 꼭 해야만 하는 이유"를 찾지 못해서 헤매고 있는 수포자들에게 얄팍한 지식으로나마 수학이 적용된 분야를 설명해주지만, 이마저도 내가 대학생 시절에 공부했던 컴퓨터언어 관련지식뿐이라 질문한 학생들에게는 와닿지 않는 답변이 되곤 하였다.

그러던 중 정재훈 선생님이 쓰신 '수학, 꼭 해야 하나요?'의 프롤로그를 읽는 순간, 머리를 한 대 얻어맞은 기분이었다. 나에게 수학을 배우러 오는 학생들에게 맹목적으로 점수를 높여야 하지 않냐는 무리한 요구를 한 것은 아니었나 반성하게 되었다. 수학을 가르치는 나조차도 왜 수학을 공부해야 하는지 명확한 해답을 얻지 못한 채 말이다.

정재훈 선생님이 쓰신 원고를 읽으면서 문득 대학 시절 전공수업을 듣던 나를 떠올려보았다. 대수학 강의를 들으면서 문제의 증명과정을 추론하고 교수님과 토론했던 학창시절, 공식에 숫자를 대입해서 답이 쉽게 나와 버리는 문제들보다 깊게 생각하고 증명하는 것이 진정한 수학이라고 생각했던 그때를 회상했다. 한때 컴퓨터 언어에 미쳐서 밤새도록 도서관에서 씨름했던 그때가 오히려 입시의 고통에 찌든 학생들과 씨름하고 있는 원장인 지금보다 더 살아있는 듯한 느낌을 받았던 것 같다.

공부를 하기 위해서는 동기부여가 중요하다. 이 책은 수학이라면 멀리하고 싶은 학생들에게 머리를 식힐 수 있을 정도로 어렵지 않은, 그러나 수학을 왜 공부해야 하는지 한 마디로 표현해주는 책이다. 실제로 일상생활에 적용되는 경우의 수나 통계학은 학생들뿐만 아니라 다양한 직업에 종사하는 직장인에게도 유용하게 쓰이는 학문이다. 그렇기 때문에 이 책은 수험생뿐만 아니라 회사에서 업무를 잘 하고 싶은 직장인도 읽어야 할 책이다.

함수란? 밥 먹으면 똥 싸는 것이다.

이것은 내가 수업시간에 함수를 정의할 때 쓰는 말이다. 수학에서 함수를 빼놓고는 말을 할 수 없을 것이다. 그만큼 중요한 함수는 각종 프로그래밍과 알고리즘에 적용된다고 해도 과언이 아니다. 하지만 화면을 터치하면 반응하는 스마트폰 액정화면을 보고 '아! 여기에도 함수가 적용되었구나!'라고 생각하는 사람이 몇 명이나 있을까? 이 책은 수학에 대해서 쉽고 알아듣기 쉽게 접근했다는 점에서 지금 공부하고 있는 학생들에게 꼭 읽어보라고 권하고 싶다.

- 김포 스파르타 수학학원 원장 이흥주

추천사

저는 어렸을 때부터 컴퓨터 프로그래머의 꿈을 갖고 지금까지 성장하면서 어떻게 보면 꿈을 이루었다고 말할 수 있을 것입니다. 하지만 지금 뒤돌아보면 뭐가 뭔지 모르는 상태에서 그냥 외부적인 환경에 기인하여 막연한 꿈을 갖고 그냥 그게 좋은 줄 알고 여기까지 왔던 거 같습니다.

만약 제가 어렸을 때 이 책을 만났더라면 아마도 지금 더 가치 있는 일을 통하여
세상과 소통했을 것입니다.

앞으로 펼쳐지는 세상은 점차 사람이 아닌 자동화된 실체들이 운영해가는 세상으로 변화되어 갑니다. 이럴 때일수록 빠른 판단과 앞을 내다볼 수 있는 통찰력이 필요한 시대가 되었습니다.

이러한 상황 속에서 수학은 선택이 아닌 필수가 될 것입니다.
저도 그랬듯이 필요한 것은 아는데 왜 해야 하는지 모르면 사실 다가가기가 어렵습니다.
그럴 때 이 책이 지침서가 될 것입니다.

저는 '다음 세대의 주인공이 우리 아이들입니다'를 모토로 회사를 운영하고 있습니다.
Fun과 Edu를 결합하여 미래를 짊어질 우리 아이들을 위하여 저자와 힘을 합쳐 '수꼭해'로 뮤지컬을 만들어 보자고 조르고 있습니다.

학문이 놀이가 되어 그냥 재미있게 놀았는데 아이템이 자연스레 장착되는 그런 신기한 일이 이 책을 경험한 독자들의 생생한 후기로 접하는 날이 곧 올 거라고 확신합니다.

마지막으로 이런 놀라운 책을 세상에 내놓아 주신 저자 커스트리 정재훈 대표님께 수고하셨다는 말을 전하고 싶습니다.

감사합니다.

- 주식회사 제이엔위즈 대표 한상철

수학, 꼭 해야하나요?

정재훈

MADE MIND

머리말

IT 기업의 CEO가 수학 책을 쓰게 된 이유

2018학년도 수능 결시율이 역대 최고를 기록했습니다. 한치 앞을 알 수 없는 사회 변화와 보장되지 않는 미래로 입시 공부에 대한 불신이 쌓여 가는 것이 아닌가 생각이 들었습니다.

작은 IT기업을 운영하는 대표이자 플랫폼 개발자인 필자는 지난 3년 동안 재수생들을 위한 기숙 학원에서 수학 강의를 해왔습니다. 그리고 학생들과의 멘토링 속에서 희망 없는 눈빛도 많이 보았습니다. 성적이 잘 나오지 않는다는 이유로 수학을 포기하는 학생들을 보면 너무나 안타까운 마음이 들었습니다. 수학은 단지 성적을 얻기 위한 과목이 아니라 세상을 살아가는데 꼭 필요한 생각하는 법을 알려주는 과목이기 때문입니다.

입시에 매몰되어 수학 공부의 진짜 이유를 알지 못하는 학생들에게 제가 겪은 경험들을 전해주고 싶었습니다. 수학 공부의 목적이 단지 정답 맞추기를 반복하는 것이 아니라 실생활에서 생각의 폭을 넓혀주는 학문이라는 것을 이야기해주고 싶었던 것이죠.

'재훈쌤의 편지'는 그렇게 시작되었습니다.
수업에 들어가기 전 매일 카페에 앉아 두 시간씩 학생들을 위해 편지를 썼습니다. 그리고 이 글은 학생들에게 예상보다 커다란 변화를 가져왔습니다.
수업에 임하는 학생들의 눈빛부터 달라졌고 '재훈쌤의 편지'를 기다리는 수험생들이 점점 늘어났습니다. 군이 시키지 않아도 스스로 공부해 오는 모습이 보였고 그에 비례하여 성적도 눈에 띄게 높아졌죠.

어쩌면 필자가 생각했던 것들이 어느 정도 통했던 것 같았습니다. 아이들에게 정말 필요했던 것은 수학 지식이 아니라 수학을 왜 공부해야 하는가에 대한 동기부여였던 것이죠.

필자는 수학선생님이기 앞서 대기업, 중견기업, 스타트업에서 CTO와 CEO까지 다른 사람보다 독특하고 다양한 커리어를 가지고 있었습니다. 막연히 공부해야 한다고 강요하기보다 필자의 경험을 바탕으로 작성한 편지들이 아이들의 생각에 변화를 주었던 것 같습니다.

좋은 영향을 끼치며 1년 동안 이어진 '재훈샘의 편지'와 '엉뚱한 질문'은 마무리되었습니다. 그렇지만 이 편지들을 더 많은 학생이 보면 좋겠다는 의견과 함께 출간의 권유가 있었습니다. 수학 강사로서 그리 유명하지 않은 사람이 수학 공부법에 대한 책을 낸다는 것이 조금은 낯 뜨거운 일이 아닐 수 없었습니다. 하지만 한 명의 학생이라도 이 글을 읽고 수학의 목적에 공감하고 변화를 느낄 수 있다면 그러한 부끄러움쯤이야 아무것도 아니라고 생각했습니다.

이 책은 수험생들에게 전하는 편지였지만, 추가 집필과 편집을 통해 수학의 중요성을 알고 싶은 일반인 분들이 읽어도 괜찮도록 원고를 다듬었습니다. 또 너무 깊은 수학적 지식은 오히려 내용 전달에 방해가 되기 때문에 수학적 지식은 최소화하고 수치를 간소화하여 '수학의 중요성'을 더 잘 이해할 수 있도록 구성하였습니다.

이 책이 나오기까지 도움을 주신 모든 분들께 감사의 말씀드립니다.

차례

3장. 수학, 어디서부터 시작해야 할까요? - 공부 방향

4장. 수학, 어떻게 해야 하나요? - 공부법

5장. 수학, 포기하고 싶어요. 어떡하죠? - 용기 메시지

6장. 교과서에 없는데 자꾸 나와요 - 알아두면 쓸모 있는 이야기

에필로그 - 시험보다 더 중요한 것들 221

1장. 수학, 꼭 해야 하나요?

수학의 필요성

온라인 은행
보편적 지식으로서의 수학

온라인 은행인 K뱅크와 카카오뱅크가
2017년 4월 3일 문을 열었습니다.
오프라인 점포는 없고
스마트폰의 애플리케이션만으로 계좌 개설이 가능하며,
먼 은행까지 가지 않아도 가까운 편의점 단말기에서
저렴한 수수료로 현금을 인출할 수 있게 되었습니다.

확실히 점점 더 편리한 세상이 펼쳐지고 있지만
은행원 입장에서는 반갑지만은 않은 이야기겠죠.
이전에는 안전한 직장이라고 여겨지던 일자리들이
더 이상 '안전하지 않게' 되고 있습니다.
모든 분야에 IT 기술이 적용되면서
자동화되기 쉬운 분야부터 일자리가 줄어들고 있죠.
이제 중요한 것은 평생 보장된 직장이 아니라
어떤 직업적 가치를 가지느냐에 달려있다고 볼 수 있습니다.

여러분들이 살아가게 될 미래는 여러분의 부모님 세대가 살았던 시대보다 훨씬 더 변화가 빠른 세상이 될 것입니다.

로봇과 인공지능이 실생활까지 들어와 많은 일자리가 사라지고 지금은 예상하지 못하는 새로운 일자리들이 생겨 날 것입니다. 이런 변화 속에서 예전 고도성장 세대의 삶처럼 단일전문지식으로 여러분의 삶을 설계한다면 큰 어려움에 빠질 수 있습니다. 어떤 상황에서도 변화에 유연히 대응하고 빠르게 적용 가능한 보편적 지식을 가지고 있어야 사라지는 일자리와 변화무쌍한 미래시대에 인간으로서 고유한 능력을 발휘할 수 있을 것입니다. 여러분이 지금 공부하고 있는 수학도 그 보편적인 지식 중의 하나입니다.

분야를 막론하고 수학의 쓰임은 사회 전반에 걸쳐 있습니다. 선생님은 직장인 시절부터 IT 기업을 운영하는 시기까지 수학이라는 보편적 도구로 많은 난제를 해결할 수 있었습니다. 그래서 그 중요성을 지금부터 여러분들에게 사례를 들며 차근차근 알려 드리고자 합니다.

여러분이 사회에 첫 발을 내딛는 그 시점에 수학이라는 멋진 무기를 들고 나아갈 수 있도록 수학을 포기하지 않을 수 있도록.

10시간을 10분으로
집합과 데이터베이스

선생님이 어느 기업의 IT 책임자로 일을 할 때였어요.
그 회사는 전 세계에서 들어오는 수많은 데이터를 모으고 처리하는 회사였는데, 고객사나 투자사에서 이와 관련된 통계를 요청할 때가 많았죠.

"이번 달 국가별 고객의 수를 통계 내 주세요."
"작년 이 시기의 시간대별 고객 수를 알아봐 주세요."

이곳에는 저와 함께 일을 하던 두 명의 기획자가 있었습니다.
어떻게 하면 능률이 오를지 고민하는 기획자 A.
매일 야근을 하지만 주변과 소통을 꺼리는 기획자 B.

A가 어느 날 저를 갑자기 찾더니 통계를 빠르게 내고 싶은데 좋은 방법이 있겠냐고 물어왔습니다. IT 전문가인 제가 보았을 때 데이터베이스를 조회하는 SQL[1]을 조금만 알고 있다면 10분 만에

---

1 SQL(Structured Query Language) : 데이터베이스에 있는 자료를 꺼내는 언어. SQL에 익숙해지면 원본 데이터를 여러 가지 각도에서 조회해 볼 수 있어서 시스템 개발자는 물론 마케터나 데이터 분석자에게도 많은 도움이 되고 있는 언어다.

끝날 일이었죠. 그래서 A에게 데이터베이스의 구조를 알려주고 SQL의 샘플들을 보여주며 10분 안에 통계 내는 방법을 알려주었습니다.

그 후 A는 정말 SQL을 공부해서 요청이 생기면 10분 만에 통계를 내서 답변서를 보내주었습니다. 그래서 저는 비슷한 일을 하는 기획자 B에게도 이 방법을 전해주고자 했습니다.

"데이터베이스와 SQL을 알려드릴게요. 그걸 활용하면 더 빠릅니다."

기획자 B에게 돌아온 대답은
"너무 복잡 한 것 같아요. 제 방식이 있으니 알아서 할게요."

B의 방식은 예약 자료를 엑셀파일에 넣고 행을 하나씩 복사해서 붙여 넣는 것이었습니다. 물론 이 방식이 유용할 때도 있겠지만, 대량의 데이터를 처리할 때는 효율이 안 나오는 방식이었죠. 이렇게 되자 똑같은 요구 사항도 기획자 A는 10분 만에 끝낼 수 있게 되었고, 기획자 B는 10시간 동안 붙잡고 있어도 그러지 못했습니다.

여기서 말하는 SQL과 데이터베이스는 여러분이 배우는 집합의 개념에서 확장되는 것입니다.

교집합과 합집합, AND 조건과 OR 조건으로 이루어져 있죠.

벤다이어그램, 교집합, 합집합, 차집합, 드모르간의 법칙.

고등학교 수학 첫 단원에 배우는 바로 그 집합.

다른 사람의 10시간을 10분으로 단축시킬 수 있는 힘은 여기서 출발합니다.

어디서 출발해야 될까요?
피타고라스의 정리와 최단거리 계산

때는 바야흐로 선생님이 여행 플랫폼 프로그램을 제작할 때였습니다. 당시 외국인 고객들이 프라이빗 밴(Private Van)이라고 하는 운전기사가 포함된 렌터카를 찾는 수요가 많았죠. 그런데 국내에는 프라이빗 밴의 요금을 합리적으로 견적내고 있던 회사가 거의 없었습니다. 고객이 직접 텍스트로 경로를 입력하면, 에이전트가 그것을 네이버 지도 등을 보고 요금을 계산해주던 주먹구구식의 요금 산정 방식이었죠.

그 회사에 제가 투입되어 신입 개발자들과 함께 경로 계산 자동화 시스템을 기획했습니다. 손님들이 여정을 텍스트로 입력하던 방식 대신, 지도에서 간편하게 관광지를 선택하고, 자동으로 계산된 거리를 보면서 합리적인 가격을 산정을 할 수 있게 한 것이죠.

순조롭게 프로그램을 개발하던 도중 중요한 변수가 생겼습니다. 밴이 출발하는 장소는 서울, 광주, 부산 세 곳이었는데, 출발 장소를 정해달라는 고객들의 요청이었죠. 예를 들어 전라도 지역 투어를 하는데 광주 기지가 아닌 서울 기지에서 출발하면 고객과 에이

전트, 서플라이어 모두 손해를 보는 상황이 되어버렸습니다.

간단해 보이는 이 요구의 구현이 힘들었던 이유는 API[2] 통신에 있었습니다. 손님이 여정을 변경할 때마다 서울, 부산, 광주와의 거리를 계산하면 API 비용이 6배 이상 증가했습니다. 또 데이터를 보기까지 고객이 기다려야 하는 시간도 6배가 늘어났습니다. 대기시간이 길어질수록 고객들은 기다리지 못하고 구매를 포기해 매출이 떨어질 우려도 있었죠. 컴퓨터 공학을 전공한 선생님은 대학시절 익힌 온갖 알고리즘을 떠오려 보았습니다. 스레드를 통한 병렬 처리, 경로를 캐시화해서 한번 갔던 경로 재활용하기 등등. 하지만 이 모든 과정들은 구현이 어려울뿐더러 후임자에게 인수인계를 하게 되면 유지보수가 힘들 것 같았습니다.

복잡해진 머리를 비우기 위해 밖을 나와 거리를 걸으며 고민하다가 문득 떠오른 해결법은 정말 단순했습니다.

"피타고라스의 정리"

점과 점 사이의 거리를 계산하는 것이죠.
 A 지점을 출발해서 B 지점을 도착하는 경로라면

---

2 API (Application Programming Interface) : 서로 다른 시스템들이 통신하기 위한 규약. 주로 기준 정보를 가진 업체가 API를 제공하고 중소규모의 개발업체가 그 API를 이용해 데이터를 얻어와 또 다른 가치를 만들게 된다.

서울 (x_0, y_0) 에서 A (x_A, y_A) 지점, 서울 (x_0, y_0) 에서 B (x_B, y_B) 지점 =

$$\sqrt{(x_0 - x_A)^2 + (y_0 - y_A)^2} + \sqrt{(x_0 - x_B)^2 + (y_0 - y_B)^2}$$

광주 (x_1, y_1) 에서 A (x_A, y_A) 지점, 광주 (x_1, y_1) 에서 B (x_B, y_B) 지점 =

$$\sqrt{(x_1 - x_A)^2 + (y_1 - y_A)^2} + \sqrt{(x_1 - x_B)^2 + (y_1 - y_B)^2}$$

부산 (x_2, y_2) 에서 A (x_A, y_A) 지점, 부산 (x_2, y_2) 에서 B (x_B, y_B) 지점 =

$$\sqrt{(x_2 - x_A)^2 + (y_2 - y_A)^2} + \sqrt{(x_2 - x_B)^2 + (y_2 - y_B)^2}$$

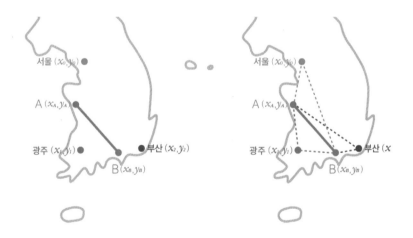

여행 경로에 가장 가까운 차량기지 찾기

이 셋 중에서 가장 짧은 거리의 출발지를 할당하는 방법이었습니다. 길의 곡률까지 생각하면 이 알고리즘은 완벽하진 않습니다. 그렇지만 이 알고리즘으로 얻을 수 있는 장점이 많았죠. 95% 이상의 정확도로 최단거리의 차량기지를 찾았으며, 별도의 API 비용을 지불하지 않아도 되었고, 고객은 수신 시간을 기다릴 필요도 없었습니다. 소스 코드도 간단해서 인수인계에 어려움이 없는 심플하고 효율적인 알고리즘이었죠.

중학교 과정에서 배우는 피타고라스의 정리를 알고 있다면 이렇게 간단히 풀 수 있는 이 문제를 며칠 동안 대책 회의를 하며 스트레스를 받고 있었던 것이죠.

여러분이 사회에 나와서 필요로 하는 수학의 원리는 생각보다 복잡하지 않습니다. 고등학교 교과과정에서 배운 내용만으로도 여러분은 큰 도움을 받을 수 있죠.

수학 1등급을 받으려는 것도 좋지만 '지금 배우는 것들을 어디에 쓸 수 있을까?'라는 질문을 스스로 던져 보는 것이 진짜 문제 해결 능력을 기르는 습관일 것입니다.

엉뚱한 질문

고속도로 번호에 숨겨진 법칙

아래는 대한민국의 고속도로 지도입니다.
이 그림의 고속도로 번호에 어떤 규칙이 있는지 추론해
보세요.

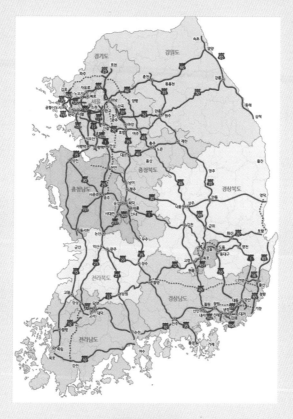

대한민국 고속도로

고속도로 채번에는 다양한 규칙이 있겠지만 대표적인 것은 가로와 세로 방향입니다.
그림에서 남북방향으로 나있는 고속도로는 끝자리가 5로 끝납니다.
왼쪽부터 15,25,35,45,55,65 순서로 채번이 되죠.
동서방향으로 나있는 고속도로는 끝자리가 0으로 끝납니다.
아래쪽부터 10,20,30,40,50,60 순서로 채번이 되죠.

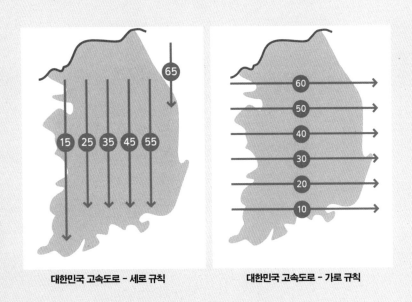

대한민국 고속도로 - 세로 규칙   대한민국 고속도로 - 가로 규칙

선생님도 어디서 조사한 내용이 아니라 고속도로를 타고 가다가 우연히 알게 된 사실입니다. 그리고 조금 더 검색을 해보니 미국의 고속도로 시스템을 차용했다고 하더군요. 오늘날처럼 검색하기 쉬운 세상에서는 왜 이렇게 되어 있을까 당연시했던 것들을 궁금해하는 능력 또한 중요하겠죠.

도구 보다 중요한 기획력
경우의 수와 테스트 케이스 설계

선생님은 홍콩 출신 친구 A와 함께 일을 했던 적이 있습니다.
홍콩의 유명 대학에서 수학을 전공하고, 외국인 여행사에서 기획
과 테스트를 담당하던 인턴이었죠.
광둥어, 중국어, 영어는 잘했지만 한국어에 서툴렀던 그와 영어가
서툴렀던 저는 짧은 영어로 최소한의 대화만 나누곤 했습니다.
그는 컴퓨터 프로그래밍 역시 전혀 할 줄 몰랐죠.

또 한 친구가 있었어요. 말이 정말 잘 통하는 한국인 친구 B.
전공은 아니었지만 열정이 넘쳤던 그 친구는 매번 남들보다 두 배
의 능률을 보였던 유능한 IT 개발자였죠.
그런데 이 친구는 안타깝게도 학창시절 수학을 포기한 수포자였습
니다.

그런데 이 두 사람의 중요한 차이는 기획과 테스트 부분에서 나타
났어요. 수학을 전공한 A는 기획에서 남다른 탁월함을 보여줬습
니다.

개발자들이 생각하지 못했던 테스트 케이스[3]들을 생각해냈고, 전에는 놓쳤던 부분들까지 잡아냈습니다.

B는 프로그램 개발은 뛰어났지만, 수학의 기초가 없었기 때문에 테스트케이스 설정에서 항상 실수가 발생했습니다.
A가 기획한 것은 10건 중에 1~2건 수정사항이 나왔던 반면, B의 경우 6~7건의 수정사항이 나왔죠.

프로그래밍을 잘하고 언어가 잘 통하는 한국 직원만큼 프로그래밍이 전무하고 언어가 잘 통하지 않는 홍콩 직원을 신뢰했던 이유는 단 하나였습니다.

"테스트 케이스를 생각해 낼 수 있는 기획력"

테스트 케이스를 만드는 것은 여러분이 공부하고 있는 '경우의 수'의 확장이라고 할 수 있습니다. 수학과 출신인 홍콩 직원은 경우의 수를 구하는 것이 자연스럽게 습관화되어 있었고, 그 덕분에 누락과 중복이 거의 없는 테스트 케이스를 설정할 수 있었죠.
그러나 수학에 기초가 없었던 친구 B는 눈에 보이는 경우의 수 정도만 셀 수 있었고, 그 결과 실제 운영에 들어갔을 때 놓치는 케이스들이 많습니다.

---

3 테스트 케이스: 시스템을 오픈하기 전에 일어날 수 있는 모든 상황들을 가정하고 기록한 것. 오픈 전 다양한 테스트 케이스를 생성할수록 시스템은 안정화되며 유지 보수에 지출되는 비용이 현저히 줄어들게 된다.

B 친구가 잘못된 것은 아닙니다. A 친구처럼 모든 테스트 케이스를 고려해서 기획할 수 있는 인재는 극소수입니다.

잘 될 줄 알았던 A는 현재 홍콩의 유명한 금융회사에서 큰 역할을 하고 있다고 합니다.

간단한 문제라도 경우의 수를 논리적으로 바라보는 습관을 갖는다면 여러분도 많은 사람들이 원하는 극소수의 기획자가 될 수 있을 것입니다.

4차 산업 혁명과 통계학의 중요성

증기 기관으로 시작된 1차 산업 혁명
전기의 발달로 시작된 2차 산업 혁명
인터넷의 발달로 정보가 돈이 되었던 3차 산업 혁명
인공지능, 빅데이터, 블록체인 등으로 진행되고 있는 4차 산업혁명

여러분이 활약해야 할 시대는 4차 산업혁명이 본격적으로 시작될 것이라 예상되는 2020년 이후입니다.
3차 산업시대에서 정보가 돈이 되었다면, 4차 산업시대에서는 더 이상 정보만으로는 돈이 되지 않습니다. 검색으로 누구나 좋은 정보를 얻을 수 있기 때문이죠.

4차 산업혁명의 도화선이 될 기술 중 하나인 빅데이터는 이러한 수많은 정보들을 처리하는 기술적 발전을 총칭합니다. 하나의 컴퓨터가 하던 일을 여러 컴퓨터가 나누어서 계산하여 처리 속도는 급속히 빨라지고, 트위터나 페이스북의 글처럼 정형화되지 않은 글까지 의미를 파악하는 일이 가능해집니다.

그래서 많은 전문가들이 4차 산업시대는 정보가 아니라, 정보의 선별이 바로 돈이 되는 시장이 될 것이라고 예상하고 있습니다. 이처럼 정보의 선별이 중요한 4차 산업혁명을 생각하다 보면 여러분이 지금 배우는 '통계'의 중요성을 다시 한번 느끼게 됩니다. 수많은 데이터 속에서 원하는 관점을 추출해 시각적으로 보여줄 수 있다면 여러분은 구슬을 꿰어서 보배로 만드는 일을 하게 되는 것입니다.

통계에서 배우는 이항정리, 확률분포, 정규분포, 이항분포 등은 모두 여러분이 앞으로 데이터를 분석할 때 핵심 지식으로 쓰이게 됩니다. 표현이 어렵다고 통계를 포기하는 학생들도 있지만, 표현만 익숙해지면 다른 어떤 단원보다 쉽고 편리하게 적용이 가능합니다.

그리고 굳이 통계학과를 가지 않아도, 고등학교 때 배운 통계 지식 정도라면 정말 많은 분야에서 큰 도움을 받을 수 있답니다.

통계학으로 야구 역사를 다시 쓴
오클랜드의 신화
평면좌표와 직선의 방정식

영화 머니볼 이야기를 해볼까 합니다.

이 영화는 메이저리그 25위의 가난한 야구팀 오클랜드에 새로운 단장으로 오게 된 빌리 빈에 관한 이야기입니다.

당시 구단의 긴축정책으로 인해 많은 돈을 쓸 수 없었습니다. 그래서 빌리 빈은 엉뚱한 짓을 하기 시작했어요. 선수를 구할 돈으로 경제학과 출신 참모 한 명을 영입한 것이죠. 그리고 그와 함께 야구에 꼭 필요한 능력이 무엇인지를 통계학적으로 분석하기 시작합니다.

당시에는 중요하게 생각하지 않던 '출루율'이 다른 어떤 지표보다 중요하다는 결론을 내리고, 출루율은 높지만 저평가 된 선수를 찾아다닙니다. 상대적으로 값비싼 지명도를 포기하고 출루율에 집중해 실제로 승리에 기여할 수 있는 선수들을 영입한 것이죠. 이렇게 저비용 고효율의 선수들로 꾸려진 빌리 빈의 오클랜드는 메이저리그 20연승이라는 신화를 쓰게 됩니다. 그가 재임한 4년 동안 팀은 25위에서 4위 성적까지 내게 되죠.

빌리 빈이 선수를 구하는데 활용했던 이 통계학적 효율 산정 방식을 '세이버 매트릭스'라고 부릅니다. 그의 성공 이후 '세이버 매트릭스' 이론은 더욱 발전하게 되고 유명세보다는 통계와 수치로 선수들의 몸값이 합리적으로 측정되는데 큰 기여를 했습니다.

그런데 여러분 혹시 이 최소비용 알고리즘의 기본에는 여러분이 배우는 수학 내용이 들어있다는 것을 알고 있나요? 물론 세이버 매트릭스는 이것보다 훨씬 더 복잡하겠지만 이해를 위해 단순하게 설명해 볼게요.

가격(a)이라는 변수를 가로축에 놓고 지명도(b)라는 변수를 세로축에 놓으면 아래 그래프가 나올 수 있겠죠.

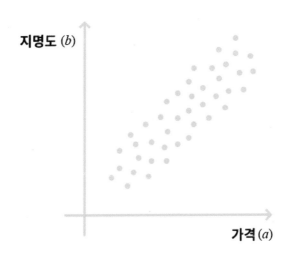

지명도에 따른 가격 형성 그래프

지명도가 높은 선수들은 이슈성과 실력이 있기 때문에 고용하면 좋겠지만 많은 돈을 지불할 수 없는 상황이라면 지명도보다는 출루율이 더 중요합니다. 그래서 선수를 보는 관점을 바꿔보겠습니다. 가격(a)이라는 변수를 가로축에 놓고, 지명도(b)의 변수 대신 출루율(c)이라는 변수를 세로축에 놓아봅시다.

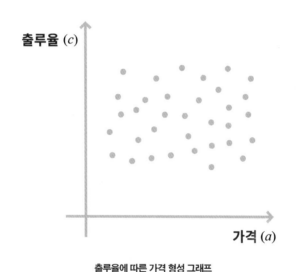

출루율에 따른 가격 형성 그래프

가격은 낮지만 출루율이 높은 선수들도 눈에 띄죠. 그럼 어떤 선수를 뽑는 것이 좋을지 간단한 '세이버 매트릭스'를 짜보겠습니다.

가격이 낮을수록 ($-a$), 출루율이 높을수록 (c) 좋은 퍼포먼스(p)

의 선수니 이렇게 정의해 보겠습니다.

$$p = -a + c$$

이 식을 약간 정리하면

$$c = a + p$$

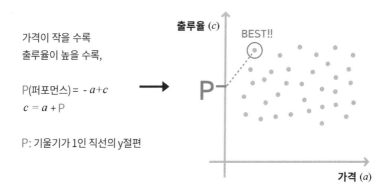

여러분도 알다시피 기울기가 1인 직선의 ,y절편이 바로 퍼포먼스가 되는 것이잖아요. 각각의 선에 기울기가 1인 직선을 내려 보면 어떤 선수가 가장 높은 퍼포먼스를 가진 선수인지 나오겠죠? 물론 단순화시키긴 했지만 최대 효율을 찾는 공식들은 이런 식으로 진행이 됩니다.

복잡해 보이는 각종 최대 효용을 찾는 공식이 여러분이 배우는 평면좌표, 직선의 방정식으로부터 시작하게 됩니다.

사실로 쓰는 거짓말
조건부 확률과 독립시행

여러분은 OJ 심슨을 아시나요?

1960~70년대 미국 미식축구계를 휩쓴 전설적인 인물이었습니다. 엄청난 부와 인기를 얻었던 사람이죠.

그런데 어느 날 OJ 심슨의 전 부인 니콜 브라운이 살해를 당하게 됩니다. 여러 가지 정황들은 OJ 심슨을 유력한 용의자로 가리키고 있었죠.

(A) 주변 사람들 이야기에 따르면 OJ 심슨은 평소에 부인을 여러 번 폭행했다.

(B) 흉기로 쓰인 칼에서 99.99%의 확률로 일치하는 OJ 심슨의 DNA가 발견되었다.[4]

(C) CCTV에 찍힌 범인은 왼쪽 발에 상처를 입었다. OJ 심슨도 왼쪽 발에 상처가 있었다.

하지만 위와 같은 정황들에도 불구하고 심슨은 재판에서 무죄로 풀려납니다. 돈 많은 심슨이 고용한 유능한 변호사들 덕분이죠.

그의 화려한 변호사들은 법원에서 각종 의혹들에 대해 이렇게 주장했습니다.

---

4 수학적인 이해를 돕기 위해 수치를 단순화시켰습니다. 정확한 통계치가 아님을 유의해 주시기 바랍니다.

(1) 재판장님! 평소에 부인을 폭행한 사람 중에서 부인을 살해한 사람은 1%에 불과합니다. 만약 판사님께서 OJ 심슨을 범인이라고 결론을 내린다면 99%의 확률로 잘못된 판단을 하시는 겁니다. 그래서 (A)은 증거로서 효력이 전혀 없습니다.

(2) 재판장님! 현재 캘리포니아주에는 100만 여명이 살고 있습니다. 확률 상 OJ 심슨의 DNA와 일치하는 사람이 0.01% 있다는 뜻이며, 이는 100명 정도입니다. 만약 그중의 한 명인 OJ 심슨을 범인으로 결론 내린다면 99%의 확률로 잘못된 판단을 하게 되는 것입니다. 그러므로 (B)도 증거로서 효력이 없습니다.

(3) 재판장님! 현재 캘리포니아주에는 100만 명이 살고 있는데, 그중에 왼쪽 발을 저는 사람이 100여 명이 있습니다. 만약에 판사님께서 OJ 심슨을 범인으로 확정한다면 99%의 확률로 잘못된 판단을 하게 되는 것입니다. 그러므로 (C)도 증거가 될 수 없습니다.

엉뚱한 질문

여러분이 재판관이라면?

결론부터 말하면 OJ 심슨 측 변호사의 주장은 궤변이
라고 할 수 있습니다.
여러분이 배운 조건부확률과 독립시행의 법칙으로 이
주장을 반박해보세요.

※ 선생님의 생각

우선, 주장 (1)을 반박해 보겠습니다.

부인을 폭행한 사람 중에서 살해까지 저지른 사람은 얼마 되지 않겠지만,

반대로 부인을 살해한 사람 중에는 평소 부인을 폭행했던 비율이 매우 높았습니다.

판사는 조건부 확률을 바꾸어서 생각을 했었어야 합니다.

$P($부인살해 $|$ 부인폭행$) = 0.01$

$P($부인폭행 $|$ 부인살해$) = 0.80$

둘 다 사실이긴 하지만, 각자의 입장에서 유리한 관점을 견지하고 있는 것이죠.

그럼 이제 (2), (3)을 반박해 보겠습니다.

(2), (3)의 내용에서 변호사의 주장이 잘못된 부분은 없습니다.

하지만, (2)와 (3)이 동시에 일어날 확률을 계산했어야 하죠.

두 사건은 거의 상관관계가 없는 독립적인 사건이기 때문입니다.

각자의 사건을 A, B라 하고, 두 사건이 동시에 일어날 확률을 계산해보면

$P(A \cap B) = P(A) \times P(B) = 0.0001 \times 0.0001 = 1 / 1$억

캘리포니아에 인구 100만 명이 거주한다고 해도,

이 두 가지를 동시에 만족하는 사람은 100만 × 1/1억 = 1/100 즉, 0.01명에 불과합니다. 한 명도 안 될 확률을 가진 OJ 심슨, 과연 범인이 아니라고 할 수 있을까요?

변호사의 내용, 위의 선생님이 반박한 내용, 모두 거짓은 없습니다.

서로 바라고 싶은 관점에서 주장한 것이죠.

그래서 통계학을 흔히 '사실로 쓰는 거짓말'이라고 부르기도 하는 것이죠.

"나라를 운영할 사람은 통계학을 배워야 한다"
나이팅게일 이야기

여러분은 위인전에서 나이팅게일의 일화를 읽어본 적이 있나요? 부유한 집안의 안락한 생활을 포기하고 전쟁터에서 병사들을 치료하는 간호사가 되어서 많은 병사를 살린 위인 나이팅게일. 나이팅게일이라고 하면 보통은 희생과 헌신을 위해 살았던 '백의 의 천사'의 이미지가 떠오를 것입니다.
그렇지만 그녀가 이토록 유명해진 이유는 '행정가'로서의 모습 때문입니다. 지금부터 그 이야기를 한번 해볼까 해요.

나이팅게일은 간호사로 재직하면서 느꼈던 많은 불합리와 불편 들을 변화시키기 위해 새로운 시도들을 하였습니다.

여러 가지 사례가 있지만 가장 유명한 일화는 아마도 크림전쟁 이 야기일 것입니다.
1850년대 유럽 크림전쟁 발발 당시 영국 간호부장이었던 나이팅 게일은 스쿠타리 지방의 군병원으로 파견됩니다. 그녀가 파견된 야전 병원의 환경은 너무나 열악했고 심지어 전쟁으로 죽는 병사 의 수보다 감염이나 전염병으로 죽는 수가 훨씬 많았습니다. 나이팅게일은 병원 환경을 획기적으로 개선시켜 병원 내 환자 사망률을 42%에서 2%로 줄이는 엄청난 성과를 이루어 냅니다.

물론 이 업적도 중요하지만 나이팅게일이 지금까지 회자되는 이유가 단지 이것 때문만은 아닐 겁니다.

그녀가 위대해질 수 있었던 것 중 하나가 바로 **통계학적 지식**과 **설득력**이었죠.

나이팅게일은 어렸을 적부터 수에 관심이 많았습니다.

여행지를 기록하거나 행정정책을 조사하는 등

숫자에 담긴 패턴을 분석하고 진짜 원인을 파악하고자 했던 사람이었죠.

야전 병원에서 근무를 시작할 때도 단순히 병원 환경만 개선한 것이 아니었습니다.

병사의 사망원인을 분류화해서 기록했죠.

이 기록들로 병원의 환경 개선에 따른 감염 사망자의 비율을 보여줄 수 있었고, 이런 표현력이 사람들을 움직였습니다. 실제로 로즈 다이어그램이라는 그래프를 직접 그려서 매번 의회에 제출했는데, 조사한 통계치가 이해하기 쉽게 표현 되어 의원들의 공감을 이끌어 낼 수 있었죠. 결국 병원 환경개선에 대한 영국의 지원을 얻는 원동력이 되었습니다.

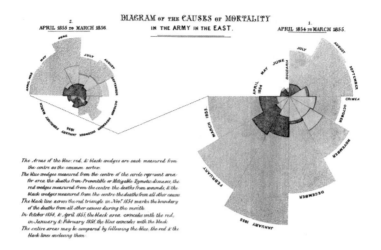

나이팅게일의 로즈 다이어그램

통계학은 사람을 설득시키는 학문입니다.

자신이 생각한 바를 증명하는 수단이며,

추상적이기만 주장에 힘을 실어주는 것이 바로 통계학이죠.

마치 나이팅게일이 사람들의 마음을 움직였던 것처럼 말이죠.

통계학에 기반을 둔 설득력으로 명성을 얻은 나이팅게일은 이후
에 이러한 말을 남기게 됩니다.

"나라를 운영할 사람은 통계학을 배워야 한다."

굳이 나라를 운영하지 않더라도 여러분은 앞으로 여러분이 속한
사회와 집단에서 수많은 '의사결정'을 하게 될 것입니다.

여러분의 **의사결정**과 **설득** 과정 속에서

'통계학'이라는 도구는 정말 값진 무기로 사용될 것입니다.

CTO와 의사결정 능력

여러분 CTO[5]의 가장 중요한 덕목이 무엇이라고 생각하시나요?
개발? 영업? 디자인? 마케팅? 인력공급? 운영? 교육? 장애대처?
서버세팅?

다양한 CTO들이 있기에 저와는 다른 관점을 가질 수 있겠지만,
매출을 10배 향상시킨 CTO로서 선생님이 느꼈던 가장 큰 덕목은
'의사결정'이었습니다.

갈림길이 왔을 때 오른쪽으로 갈지 왼쪽으로 갈지,
그것을 결정하는 것이 바로 CTO가 해야 할 일이거든요.
물론 정량적으로 표현하기 힘든 경험에 의한 사례들도 있겠지만
통계학적 지식이 있다면 의사결정을 더 편하게 할 수도 있습니다.

선생님이 예전에 겪었던 한 가지 사례를 말해볼게요.
예전 모 기업에서 CTO 역할을 맡고 있을 때 리뉴얼과 동시에 일
매출이 30%가 줄어드는 현상이 나타났습니다.

---

5 CTO (Chief Technical Officer) : 최고 전문 경영인을 CEO라고 부르듯이 최고 기술 책임자를 CTO라고 부른다. 4차 산업혁명 시대에 기획자의 의도를 기술적으로 구현할 수 있는 전문가를 뜻한다.

리뉴얼 전에 주소도 깨지지 않게 모두 마이그레이션[6]을 해 두었고, 에러도 모니터링하고 있어 큰 문제가 없다고 생각했지만 고객의 마음은 종잡을 수 없는지 매출이 안 나오더라고요.

사실 특정한날 고객의 마음이 변해 매출이 빠졌을 수도 있었겠지만, 그래도 30%의 수치는 리뉴얼 때문일 수도 있겠다는 생각이 들었습니다. 그 스타트업 회사 10명의 직원의 월급이 안 나올 수 있는 절체절명의 상황이었죠.

그래서 다른 개발 작업을 제쳐두고 그 수치의 원인을 분석하기 시작했죠. CTO로서 데이터를 분석해 본 결과 이 현상의 원인으로 생각되는 것은 두 가지였습니다.

1개로 줄어든 PG사[7]와 새로운 화면의 랜딩페이지[8]

PG사란 고객의 카드 결제나 현금결제를 대신 책임져주는 업체를 말합니다. 업체마다 각각의 위기 대응 데이터베이스를 구축하고 있어 승인이 되는 비율이 다르죠. 위험 거래라고 판단되는 카드번호인 경우 결제를 거부하는 상황도 벌어집니다.

 새로 만든 사이트의 통계 화면은 이 결제가 승인 난 비율과 거부

---

6 마이그레이션 : 사이트를 리뉴얼 할 때 이전 사이트에서 새로운 사이트로 데이터를 이동하는 것을 뜻한다.

7 PG :Payment Gateway 복잡한 결제 과정을 간단히 설정할 수 있도록 해주고 결제에서 발생되는 수수료를 받아 가는 업체들을 이야기한다. 국내 업체도 많고 국제적으로 진행해 주는 업체도 있지만 업체마다 제각각 위험한 거래 데이터가 달라 카드 결제가 승인되는 비율이 다르다.

8 랜딩페이지 landing page : 웹사이트를 구축하다 보면 누구나 메인화면부터 들어오는 것이 아니다. 구글 검색으로 인한 특정 페이지로 들어오는 경우도 있다. 이렇게 타 사이트의 링크로 들어오는 페이지 하나하나를 랜딩페이지라고 부른다. 비행기의 착륙을 랜딩이라고 부르듯이 다른 곳에서 착륙되는 페이지들을 의미한다. 실제로 SEO가 중요한 사이트에서는 메인페이지보다 랜딩페이지로 접속하는 비율이 훨씬 높다.

된 비율을 보여주는 그래프가 있었죠.

그런데 공교롭게도 결제 거부된 비율이 30%였습니다.

기존 사이트는 A라는 결제 모듈과 B라는 결제 모듈을 사용하고 있었는데, 시간이 급박해서 95%의 결제가 일어나고 있는 A라는 사이트의 결제 모듈만 설치해 놓은 상태였죠.

기존 사이트는 A결제모듈에서 결제가 실패하면 B모듈에서 결제할 수 있는 2차 안전망이 있었는데, 신규 사이트에는 그게 없었죠.

그리고 두 번째는 **랜딩페이지의 부재**였습니다.

기존 사이트에는 "서울->부산 상품 12만 원" "서울->평창 5만 원" 이런 식으로 모든 경로를 설명하는 랜딩페이지가 있었지만 새로 개발한 사이트는 지도가 나와 가고 싶은 곳을 클릭하면 되는 간편한 예약 시스템이었습니다.

물론 신규 사이트가 훨씬 간편하긴 했지만
구글에 등록되어 있는 건 간편한 페이지가 아니라 불편해 보이던 **예전 사이트의 페이지**였죠.

저는 CTO로서 B 결제모듈을 추가적으로 세팅하느냐
아니면 알바생도 할 수 있는 랜딩페이지의 text를 복사 붙여넣기하느냐의 기로에 서있었죠.

매출이 30%나 빠진 그 두 가지 이유 중 하나를 선택해야 하는 그 기로에서 선생님의 선택을 도와준 것은 앞서 말한 SQL이었습니다. 여러분이 교집합, 합집합에서 배우는 그 통계학적 지식으로 간단한 데이터 조회 문장(쿼리문) 두 개를 짜봤어요.

"PG사의 거래 거절 리스트 30% 중 카드사의 거절이 아닌 고객의 실수의 비율을 조사하는 쿼리"
"기존 사이트의 매출 중 벤 결제가 차지하는 비율과 신규 사이트의 벤 결제의 성공 비율"

그러니 30% 중에서 29%가 고객이 카드번호를 잘못 입력하여 승인이 거절된 경우고 나머지 1% 정도만 위험 거래로 분류되어 PG사 자체적으로 거절한 결제였습니다.
첫 번째 이유로 매출이 떨어진 비율은 많아봤자 1%였던 거죠.

반면 랜딩페이지가 부족한 "사설 벤 투어" 상품의 결제 비율을 조사해 본 결과 정확하게 기존 대비 80% 정도가 떨어진 것을 확인할 수 있었어요. 그때 당시 '벤 투어' 상품은 35%가량 매출이 나오던 상품이었고 35%의 80%이면 얼추 30% 가까운 수치였죠.

물론 CTO로서 더 역량을 발휘할 수 있는 부분은 PG사를 추가로 설치하는 것이었지만 지금 당장 필요한 일은 그 깨지는 **랜딩페이지**를 채우는 일이었죠.

알바생도 할 수 있는 이 일을 CTO가 하고 있어서 답답해하던 사람들도 있었습니다.

그렇지만 저의 선택은 하찮은 것이 중요한 게 아니라

지금 당장의 문제를 해결하는 것이 중요했던 것이죠.

이 선택으로 3개월 뒤 그 회사 매출을 9배 성장시킬 수 있었습니다.

여러분이 지금 있는 세계는 여러분 눈앞에 보이는 것으로 판단이 가능합니다.

그렇지만 점점 더 많은 것을 책임지는 일이 많아질 땐

눈에 보이지 않는 것까지 생각할 줄 알아야 정확한 판단이 가능합니다.

손톱에 박힌 가시보다 몸 안에 있는 암세포를 잡을 수 있는 능력,

수학과 증명 과정을 통한 논리적인 사고가 있다면

적어도 이 정도의 판단은 여러분들도 충분히 하실 수 있습니다.

엉뚱한 질문

공정한 심사를 하기 위해서는?

퀴즈를 한번 내보겠습니다.

고등학생들에게 장학금을 나누어 주는 프로젝트가 있다고 해봅시다. 많은 학생들이 신청하였고, 투명한 심사를 위해서 다수의 전문가가 붙어서 학생들을 평가하는 장학사업 시스템입니다.

학생들의 꿈과 희망, 자기소개서 등을 평가하여 공정하게 점수를 매기며, 경제적으로 어렵고 힘들지만 의욕이 넘치는 친구들 위주로 장학금을 나누어 주었습니다.

그런데 평가가 아무리 공정하다고 하더라도 평가위원 한명이 100명 이상 평가를 하는 시스템에서 평가위원의 주관이 반영될 수도 있겠죠.

점수를 후하게 주는 평가위원도 있을 테고
점수를 박하게 주는 평가위원도 있겠죠.

운이 좋아 점수를 후하게 주는 평가자를 만나면 장학금을 타고
운이 나빠 점수를 박하게 주는 평가자를 만나면 장학금을 못 받는 경우가 생길 수도 있겠죠?

여러분이 이 장학금 재단의 기획자라면 어떤 기준으로 공정하게 장학생을 선발하는 룰을 기획하시겠습니까?

※선생님의 생각

실제로 선생님이 했던 프로젝트 중 하나에서 나온 기획안입니다.
다른 분이 내신 1안과 선생님이 낸 2안이 있었는데,
1안 같은 경우는 다음과 같은 수식으로 진행을 했어요.

보정점수 = 점수 + (전체 심사위원의 평균 - 그 심사위원의 평균)

만약 전체 평균이 70점인데 그 심사위원의 평균이 80점이라면
그 심사위원은 점수를 좀 후하게 주는 편이겠죠.
그래서 그 심사위원으로부터 점수를 받은 학생들은
상대적으로 점수를 많이 받은 것이니 10점을 깎았습니다.

그런데 1안 같은 경우는 맹점이 하나 있었어요.

바로 **표준편차**였죠.

심사위원 A, B가 있다고 가정해볼게요
심사위원 A가 채점한 학생들의 평균점수는 70점이었고 표준편차는 10이었습니다.
심사위원 B가 채점한 학생들의 평균점수는 70점이었지만 표준편차가 5였습니다.
그리고 전체 평균은 60점이라고 해봅시다.
1안의 보정점수로 한다면 A심사위원에게 80점을 맞은 학생과 B심사위원에게 80점을
맞은 학생은 모두 70점이라는 같은 점수를 얻게 됩니다.

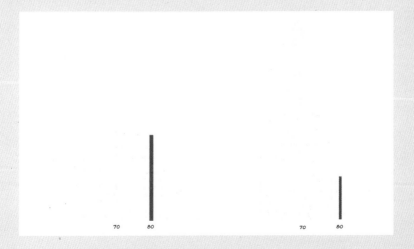

그렇지만 상대적인 도수로 따진다면 표준편차가 작은, 즉 좀 더 70점에 몰려 있는 B심 사위원으로부터 80점을 맞은 학생이 더 상위에 있는 것이었죠.

A평가자에게 80점을 맞은 학생의 상대적인 위치   B평가자에게 80점을 맞은 학생의 상대적인 위치

만약 1안의 점수로 평가를 받는다면 B심사위원에게 80점 맞은 학생이 얼마나 억울할까요? 과연 이 두 학생의 편차를 인정해 주는 기획은 무엇일까요?

실제로 선생님이 낸 기획안(2안)의 공식을 공유해 드립니다.

$$50 + \max\left[\min\left\{\left(\frac{X-m}{\sigma}\right)\times 10, 50\right\}, -50\right]$$

어디서 많이 본 공식이죠?
네, 여러분이 배우는 **정규분포 표준화** 공식 맞습니다.

수능은 정말 세상 사는데 꼭 필요한가?

수학능력시험.
과연 고등학교 졸업 이후에도 세상을 살아가는데 '수능 수학'은
꼭 필요한 것일까요?

선생님이 해왔던 많은 프로젝트들에서 수학은 꼭 필요했습니다.
하지만 '수능 수학' 4등급 정도의 지식만 있어도 충분했죠.
그렇다면 1등급, 2등급 정도의 수학 지식은 정말로 필요 한 것일
까요?

1등급을 받은 사람의 한명으로서 느낀 감정을 이야기해드릴게요.
수능 수학은 100점을 맞을 필요는 없는 게임이었습니다.
그저 남들보다 더 좋은 성적을 내기 위한 게임이었죠.
과감하게 한 문제를 포기하더라도 나머지 문제를 모두 맞추면 1
등급이 나왔습니다.

약간의 수학 지식,
시간관리, 출제자의 의도 파악, 자신감,
효율적으로 검산하기 위한 필기법,
그리고 할 수 있다는 용기.

이 모든 것이 합쳐져서 1등급이 나오더군요.

그런데 실제로 이 경험이 소중했던 이유는
1등급을 맞을 정도로 열심히 외운 그 약간의 수학 공식들이 아니
라 출제자와의 소통, 그리고 **나도 할 수 있다는 용기**였습니다.

"출제자가 내가 모르는 부분에서 문제를 내지 않았을 거야."
"지금은 안 보이지만 분명 생각날 거야. 검산부터 하고 5분 후에 다
시 풀자."

얼마나 많은 것을 외웠느냐가 아니라
아는 것으로 얼마나 많은 돌발 상황을 처리해 내느냐,
선생님이 느낀 수능은 그런 느낌이었습니다.
고등학교 지식으로 엉뚱한 문제들을 만들어
얼마나 잘 문제를 해결하는지 보는 느낌이었죠.

선생님은 그때의 문제 풀었던 기억, 시험 볼 때 떠올렸던 용기를
통해 수능 문제를 풀었듯이
지금도 세상에 놓여진 많은 문제들을 풀고 있습니다.

젖은 도로에 눈이 쌓이듯이

데이터가 쌓이면 가치가 발생합니다.
이 시대의 지식인이라 불리는 유시민 작가님도 이러한 가치를 생산하시는 분이 아닐까요?

유시민 작가님은 정말 처음 보는 사람이 도저히 이해가 안 될 만큼
모든 분야에 대해 엄청난 지식을 자랑하시는 분인데요.
어떻게 이렇게 놀라운 속도로 지식을 쌓을까요?

선생님은 도로가에 젖은 눈을 보고 유시민 작가님이 떠올랐습니다.
아무런 기초 지식이 없는 상태에서 쌓는 지식은
젖은 도로 가에서 빠르게 녹아 버리는 첫눈과 같다고 생각되더군요.

많은 학생들이 오르지 않는 성적 때문에
해도 안 되는 것 같아서 포기하기도 합니다.

"해봤자 녹아버리는데..."

처음 쌓는 지식은 힘들 수 있습니다.
마치 젖은 도로의 눈처럼 말이죠.

그렇지만 눈은 어느 정도 쌓이는 순간부터 순식간에 증가하죠.

지식을 쌓는 과정도 매번 힘들지 만은 않습니다.
지식을 이용해 다른 지식이 이해되는 과정이 있기 때문이죠.

선생님은 JAVA라는 언어를 전문으로 사용한 개발자였습니다.
그런데 이 언어를 처음 배울 때의 속도보다
다음번 언어들 (파이썬, php, c , c# , Objective-C)을 배울 때의
속도가 비교 안 될 정도로 빠르더군요.
데이터베이스 역시 Oracle를 끙끙대면서 배웠지만
그 이후 MSSQL, MySQL, MangoDB, MariaDB 등은 정말 수월하
게 배웠습니다.

이런 것이 가능할 수 있었던 이유는 한번 쌓인 지식이 다른 지식
을 더 쉽게 이해할 수 있게 해주기 때문이죠.

예를 들어 처음에 오라클의 nvl 함수를 알았다면 구글에 이렇게
검색하면 됩니다.

"MySQL nvl 똑같은 함수"

그럼 굳이 문법 외울 필요도 없이 바로 찾게 되었죠.

중요한 것은 **'그런 것이 있다'**라는 기초지식이었어요.

여러분이 배우는 수학, 과학, 물리, 세계사, 문학, 논리, 역사, 예술
등 모든 분야가 처음 접할 때는 힘들 수 있습니다.
그렇지만 '그런 것이 있다' 정도의 지식만 쌓더라도
여러분들은 충분히 다음 지식을 쌓을 준비가 되는 것이죠.

성적이 안 나온다고 포기하지 마세요.
쌓인 지식은 언젠가는 빛을 발하게 됩니다.

일을 잘 하는 것보다 더 중요한 능력?

얼마 전 유튜브에서 샌드위치를 만드는 아버지의 영상이 화제가 되었습니다.

아이들에게 샌드위치 만드는 방법을 글로 써오라고 합니다.

그 글을 보고 아버지는 샌드위치를 만들겠다고 하죠.

초등학생인 아이들은 그게 뭐 어렵겠냐는 듯이 작은 손으로 샌드위치 만드는 법을 적어 아버지에게 가져다주었죠.

"빵 두 쪽을 준비한다"

아버지는 빵 두 쪽을 준비했습니다.

"나이프와 땅콩버터도 준비한다"

아버지는 나이프와 땅콩버터를 준비했습니다.

"칼로 빵 한쪽에 펴서 발라준다"

아버지는 이것을 듣고 땅콩버터도 없이 칼로 빵을 문지르고 있었습니다.

무엇을 바르라는 말이 없었기 때문이죠.

"젤리를 준비한 다음 발라준다"

아버지는 여기서 젤리를 뚜껑도 따지 않은 채 빵 위에 젤리가 담긴 병을 문지릅니다.

젤리 뚜껑을 따라는 말이 없었기 때문이죠.

아이들은 분개하고 아버지는 재미있어 합니다.
이 짧은 동영상은 단지 아이들을 놀리기 위한 아버지의 장난일까요?

이런 생각을 해봅시다.
만약 여러분이 남들보다 2~3배의 속도로 인형 눈을 붙이는 사람이라면 2~3배의 월급을 받을 수 있겠죠.
그런데 여러분이 100명이 편하게 인형 눈을 붙일 수 있도록
시킬 수 있는 사람이라면 적어도 50배 이상의 월급을 받게 될 것입니다.

세상의 많은 프로그래밍 언어들이 단순화되고 있습니다.
전문가만이 할 수 있었던 프로그래밍의 영역이 누구나 할 수 있는 영역으로 바뀌고 있죠. 이것을 통해 예전에는 하지 못한 많은 것들을 할 수 있게 되었습니다.

컴퓨터는 시키는 일을 군소리 없이 성실하게 실행시켜주는 좋은 친구입니다.
그렇지만 시키지 않은 일은 절대 안 하죠.
하나부터 열까지 모든 경우들을 미리 설계해주어야 컴퓨터가 일을 할 수 있습니다.

여러분이 컴퓨터에게 일을 잘 시킬 수 있는 사람이 되거나
후배들에게 일을 잘 시킬 수 있는 사람이 된다면
여러분의 가치는 그만큼 커지게 됩니다.

사실 선생님은 컴퓨터 공학자입니다.
수학선생님이 본업은 아니죠.
그렇지만 수학선생님을 겸하면서 얻은 가장 훌륭한 능력이 하나
있습니다.

'쉽게 설명하는 방법'

공학을 전공한 사람에게 고등학교 수학은 지루할 정도로 쉬울 수
있지만, 처음 수학을 접하는 사람에게는 말도 안 되게 어렵습니다.

수학강사를 하면서 어려워하는 사람들을 이해시킬 수 있는 쉬운
표현들을 생각해냈고 공감하는 능력을 많이 얻었죠.

선생님이 IT 회사를 세워 여러 프로젝트들을 진행할 수 있었던 이
유 중 하나도 이것이었습니다.
후임 개발자들에게 소스를 좀 더 쉽게 설명해서 더 큰 개발을 할
수 있게 만드는 것.
지금 선생님은 외국인에게도 소스를 설명해 주고
개발 능력을 키워줄 수 있는 자신감을 가지고 있습니다.

남들에게 시키는 것 모두가 나쁜 것이 아닙니다.
적절한 보상을 해주며 합리적인 일을 시키는 능력을 가지고 있다
면 오히려 그것을 고마워하는 사람들이 반드시 있거든요.

여러분이 할 수 있는 것을 다른 사람들에게 위임해 보세요.
원하는 바를 잘 설명하고 납득시킬 수 있는 능력이 있다면
여러분은 더 많은 일들을 할 수 있을 겁니다.

내가 할 수 있는 일을 내가 하지 말아보세요.

엉뚱한 질문

초등학교 일기장에 날씨를 적어야 했던 이유?

선생님이 초등학생이었을 때, 방학 숙제로 일기를 적어
야 했어요. 그리고 일기장 우측 상단에는 "날씨"라는 칸
이 있었죠.
그때는 매일매일의 날씨를 적는 것이 너무 귀찮았습니다.
그러나 학생이 아닌 선생님의 위치에 있으니 그 이유를
알 것 같더군요.
여러분은 일기장에 날씨를 적게 했던 이유가 무엇이라
고 생각하나요?

※선생님의 생각

선생님의 입장에서 방학이 끝나면 한두 개의 일기를 보는 것이 아니죠.
반 학생 30명의 일기를 보게 됩니다.

여러 학생들의 일기를 비교하다 보면
누가 날씨를 거짓말로 썼는지 알게 되죠.
성실한 학생과 **그렇지 않은 학생**을 분류하는 좋은 도구가 바로 '날씨'가 아니었나 싶어요.

날씨를 통해 거짓말이 많은 친구를 발견해 내고
그에 맞는 지도를 하여 올바르게 잡아주는 것이었겠죠.

선생님이 생각한 이유는 이것이었고,
과연 이것을 맞출 수 있는 학생이 있을까 하며 질문을 해봤던 것이죠.

그런데 충격적인 답변을 한 학생이 있었습니다.

"잠깐이라도 하늘을 바라보라고"

이렇게 순수한 학생의 마음가짐을 보면서
선생님이 잃어버렸던 그 무언가를 찾은 느낌이었어요.
새벽 2시까지 학생들의 설문지를 채점하던 선생님의 눈가가 촉촉해질 정도였죠.

학생은 선생님에게 배우지만
선생님 역시 학생에게 배우는 것 같습니다.

2장. 어렵게만 느껴지는 문제들, 어떻게 풀어야 하나요?

문제해결력

귀납적 사고와 연역적 사고
700만이 사용하는 사이트의 장애 해결법

선생님이 신용 평가 회사에 다닐 때의 일이었습니다. 이 회사는 경제인구 대다수의 신용을 관리하는 온라인 시스템을 운영하고 있었고, 선생님은 그중에서 700만 명 정도가 사용하는 시스템의 IT 담당자였습니다. 그렇게 거대한 시스템을 운영하다 보니 예측하지 못한 문제들에 봉착하게 되는 경우가 많았습니다.

예상치 못한 버그가 발견되기도 하고, 갑작스러운 이용자 증가로 인해 시스템이 모두 다운된 적도 있었죠. 너무나 복잡한 요구 사항을 설계하느라 며칠 밤을 꼬박 새운 적도 적지 않았습니다.

저 뿐만 아니라 누구나 살다 보면 전혀 예상하지 못했던 문제들과 만나게 되는 일이 언젠가는 옵니다. 더구나 세상의 문제들은 수능 문제처럼 족보나 정답지가 있는 것도 아니라서 맷돌을 갈아야 하는데 맷돌 손잡이가 안 보이는 그런 어처구니가 없는 상황이 종종 발생하게 됩니다.

그럴 때 힘이 되어 주는 것이 바로 **귀납적인 방법**과 **연역적인 방법**이었습니다. 학생 때는 왜 중요한지 몰랐던 이 개념들이 살아가면서 마주치는 문제들을 해결할 때 엄청난 도구가 되었습니다. 사례를 보고 해결 방법을 찾아가는 것을 귀납적 방법, 알고 있는 사실들을 연결시켜 새로운 해결방법을 찾아가는 것을 연역적 방법이라고 하죠.

예를 들어 여러분이 프로그래머라면 문제가 발생했을 때 입력 값을 하나씩 바꿔보면서 해결책을 찾아가는 것이 귀납적 방법, 내부의 소스 코드를 한 줄씩 살펴보면서 논리적인 오류를 찾아내는 방법이 연역적 방법입니다.

그런데 정말 멋진 문제 해결자(Problem Solver)가 되기 위해서는 이 두 가지 방법을 적절하게 활용할 줄 알아야 합니다. 초반에는 귀납적인 방법으로 지식을 쌓아 연역적인 방법으로 빠르게 문제를 풀어나가야 하죠. 연역적 사고법은 효과와 활용성이 뛰어나지만 지식이 쌓이지 않으면 결코 사용할 수 없는 방법이기 때문이죠. 이 두 가지가 선생님이 700만 사이트의 장애를 극복했던 방법이었습니다.

지금은 수학 공부를 왜 해야 하는지 잘 모를 수도 있지만 수학적/논리적 사고력은 앞으로 봉착하게 될 세상의 다양한 문제들을 풀수 있는 중요한 무기가 될 것입니다. 이 무기는 여러분들에게 연역적인 사고를 갖게 할 것이며, 여러분을 실력 있는 문제 해결자로 만들어 줄 것입니다.

엉뚱한 질문

구글은 어떻게 야후를 이겼을까?

구글은 야후보다 4년 늦게 시작한 스타트업 기업이었습니다. 구글이 기업을 설립한 당시만 해도 검색 사이트는 야후가 최고였죠. 그런데 오늘날 야후의 명성은 오간데 없고 구글은 우주선까지 쏘아 올릴 정도로 성장하였습니다. 어떻게 작은 후발주자였던 구글이 초대형 기업 야후를 누르고 이렇게까지 성장할 수 있었을까요?

구글이 야후를 앞지를 수 있었던 이유는 여러 가지가 있겠지만 그중에도 가장 대표적인 것이 바로 **페이지 랭크 알고리즘**[9]이라고 생각합니다.

검색엔진으로서 가장 중요한 기능은 검색 결과를 얼마나 빠르고 정확하게 보여주느냐 일 텐데요. 야후는 담당자가 웹사이트들을 확인하고 점검하고 우선순위를 기록하는 절차를 거쳤습니다. 구글도 그런 절차를 거치긴 했지만 거기에 더해 유망한 사이트에 링크될수록 저절로 사이트의 순위가 높아지는 페이지 랭크 알고리즘을 기술적으로 구현했습니다. 그 결과 검색 품질이 자동적으로 높아지고 야후보다 더 선호되는 검색엔진이 될 수 있었죠.
야후가 귀납적인 방법만 가지고 큰 성장을 이루었다면, 구글은 귀납적인 방법으로 얻은 노하우를 연역적인 방법으로 발전시켜 더 큰 성장을 이루어 낸 것이죠.

---

9 페이지 랭크 알고리즘: 구글에서 검색 순위를 자동 산출하는 방식 중 하나. 타 사이트에 링크가 많이 되어 있을수록, 권위 있는 사이트에 링크가 많이 되어 있을수록 검색에서 우선순위가 높아지도록 하는 우선순위 계산 방식.

칼퇴근하며 성과급 받는 부서의 비밀
시스템의 차이

 매년 성과급을 받는 시즌이 다가오면 대기업에 다니고 있는 동기들 사이에서 가장 뜨거운 이슈는 성과급 이야기입니다. 부서별로 달라지는 대기업의 성과급은 연봉의 절반까지 받아 가는 부서가 있는 반면, 상대적으로 초라한 부서도 있습니다.

 A부서의 경우 정해진 업무 시간만 일을 했는데, 매년 임직원 성과급이 6개월치 월급 이상으로 나오곤 했습니다. 그러나 B부서의 경우 업무량이 상당할뿐더러 야근도 많았지만, 한 달 월급 정도만의 성과급을 받을 뿐이었죠. 보너스를 많이 받는 부서와 그렇지 못한 부서의 차이는 업무량이 아니었습니다.

 두 부서의 차이는 바로 **노하우**와 **시스템화**였습니다.
오랜 역사를 가진 A부서는 그동안 쌓아온 노하우를 효과적으로 시스템화했고, 운영한지 얼마 안 된 B부서는 노하우를 쌓는 과정이거나 시스템이 제대로 마련되지 않은 상태였습니다. 그 결과 A부서는 크게 무리하지 않아도 안정적인 매출이 나왔고, B부서는 야근을 자주해도 그러질 못했죠.

물론 A부서도 한 번에 되진 않았을 것입니다. 셀 수 없이 많은 우여곡절의 역사가 쌓여 지금의 효율적인 시스템을 이루어 왔겠죠. B부서도 노하우를 쌓는 노력을 하다 보면 언젠가는 A부서처럼 무리하지 않으며 일을 해도 많은 성과를 이루어 내는 날이 올 겁니다.

 마찬가지로 여러분도 당장은 외롭고 괴롭고 지치고 답답한 상태일 수도 있겠지만, 지금 이 시간과 노력들이 무의식 속에 남아 여러분들을 충분히 경쟁력 있는 사람으로 만들어 줄 것입니다.

여기서 중요한 것 한 가지를 말씀드리자면 이 우여곡절의 시간에서 얻는 여러분만의 노하우를 조금이라도 기록해 놓으세요.
그 기록들이 모여 여러분만의 훌륭한 시스템을 만들게 될 것입니다.

2차 세계대전을 승리로 이끈 괴짜 수학자
생각보다 단순했던 마지막 단서

영화 이미테이션 게임을 보셨나요? 컴퓨터공학의 아버지라 평가받는 앨런 튜링이라는 인물의 일대기를 그린 영화로 2차 세계대전의 종식을 앞당긴 역사적인 사건을 다루고 있죠. 그럼 잠시 앨런 튜링의 일화에 대해서 이야기해볼까요?

2차 세계대전이 한창일 때 연합군은 독일군의 암호를 풀기 위해 세계 각지에서 탁월한 수학자들을 대거 영입했습니다. 그중 한 명이 앨런 튜링이었죠. 당시 독일군은 애니그마라는 강력한 암호장치를 사용하여 연합군의 도청을 막았죠. 만약 이 내용을 해독할 수 있다면 독일군의 움직임을 미리 파악하고 대응할 수 있었기 때문에 연합군은 암호해독팀을 만들어 어떻게든 암호를 풀어내고자 했습니다. 연합군의 암호해독팀은 운이 좋아 암호를 맞추는 날도 있었지만, 24시간마다 초기화되는 독일군의 암호시스템 때문에 다음날이면 또다시 엄청난 경우의 수를 대입하며 암호를 푸는 과정을 반복하고 있었습니다.

앨런 튜링만 제외하고요.

튜링은 이런 식으로는 암호를 풀기 어려우며, 알아낸다 하더라도 하루 만에 쓸모 없어지기 때문에 무의미하다고 생각했습니다. 그리고 암호를 풀어내는 기계를 만들어야 한다고 주장했죠. 그것이 바로 컴퓨터의 조상 즘 되는 콜로서스[10]라는 계산 장치입니다. 무수히 많은 의심과 질타에도 불구하고 수많은 시도 끝에, 앨런 튜링은 콜로서스를 완성시켰고, 사람이 하던 방식 보다 몇 백배나 빠른 속도로 계산을 할 수 있게 되었습니다.

그러나 애니그마의 무수히 많은 경우의 수 때문에 콜로서스를 사용 하여도 암호를 풀지 못하는 경우가 허다했습니다. 하루 종일 기계를 가동해도 암호가 변하는 24시간을 넘기기 일 수였죠. 연합군 내부에서 그의 프로젝트가 실패했다고 여길 때 즈음, 앨런에게 문득 기가 막힌 아이디어가 떠올랐습니다.

독일군 메시지에 항상 들어있는 **'하일 히틀러'**라는 문장이었죠. 암호문의 마지막 문장은 언제나 '하일 히틀러'였다는 것을 떠올린 튜링은 마지막 문자열을 미리 기계에 입력해 보았습니다. 그러자 확연하게 줄어든 경우의 수 덕분에 독일군의 암호문은 순식간에 풀어져버렸습니다.
이 마지막 문장으로 거의 모든 독일군의 전투 계획을 알아낼 수 있게 되었고, 연합군의 승리에 상당한 역할을 하게 됩니다. 실패

---

10 영화에서는 콜로서스를 이용해 암호를 해독하는 것으로 나오지만, 역사적 사료를 통한 증명이 부족해 약간의 논란이 남아있는 내용이기도 합니다.

가 바로 눈앞에 왔다고 생각할 때 문제의 해답은 정말 간단한 곳에서 있었던 것이죠.

이 일화를 보면서 선생님은 적분이 떠올랐습니다. 적분은 상당히 어려운 단원이죠? 특히 수능 적분 문제는 미분처럼 기계적으로 풀리는 것이 아닌 특별한 발상이 필요합니다. 마치 암호를 푸는 것과 비슷하죠.

그렇지만 수능 적분 문제 역시 출제자가 의도가 있는 '문제'이며, 그 문제를 풀어내는 방법은 생각보다 단순할 수 있습니다. 0이나 1을 대입해 보거나 $(x = 2t)$로 치환해 볼 수도 있고, $(2x = t)$로 치환해 보기도 하는 것이죠.

마치 '하일 히틀러'라는 힌트로 암호를 풀어낸 연합군의 암호해독팀처럼 말이죠.

밤하늘에 찍히는 레이저 포인터?

선생님이 일행들과 제주도를 여행하고 있을 때였습니다. 천체 탐사가 이루어지는 "별빛누리공원"에서는 특이한 레이저 포인터가 있다는 이야기를 들었습니다. 레이저로 밤하늘의 별을 가리키면 광점이 스크린에 비추듯 밤하늘에 나타난다는 것이었습니다. 궤적이 보이는 것이 아니라 실제로 하늘에 포인터가 찍힌다는 것이죠. 선생님이 생각하기에 포인터는 반사체가 있어야 보이는데, 아무 반사체도 없는 밤하늘에 레이저 포인터가 보인다니? 이런 게 과연 가능할까요? 가능하다면 어떤 원리로 되는 걸까요?

제주 별빛누리공원에서 본 밤하늘

별빛누리공원에는 정말로 밤하늘을 비추는 '스카이 포인터'라는 장치가 있습니다.
선생님도 처음에는 유리로 된 돔이 덮여 있는 줄 알았지만, 호기심이 발동해 조사해본
결과 그게 아니라는 것을 알 수 있었죠.
밤하늘이 청명하다고 해도 미세한 먼지처럼 부유하는 물질들이 있기 마련입니다.
스카이 포인터는 출력이 매우 강해서 미세한 먼지들을 누적해서 비출 수 있고, 누적된
미세먼지들이 반사체가 돼서 밤하늘에 레이저 포인트가 찍혀 보이는 원리라고 합니다.
궁금해하고 많이 시도해보세요. 정답이 보일 겁니다.

발리 사람들이 항상 마스크를 쓰는 이유

선생님은 디지털 노마드입니다. 노트북 하나 들고 훌쩍 떠나 몇 주씩 해외에서 프로그램을 개발하거나 강의를 준비합니다. 노트북만 있으면 어디서든 일을 할 수 있는 사람들을 가리켜 디지털 유목민 혹은 디지털 노마드라고 부른답니다.

몇 해 전 인도네시아의 발리로 여행을 갔습니다.
그런데 발리 사람들은 항상 마스크를 쓰고 다녀서 의아했죠.
유행인가? 성형 수술을 했나?
처음 일주일은 그 모습이 낯설고 이상해 보이기만 했습니다.
그런데 조금 더 지내보니 그 이유를 알겠더군요.
발리는 알려진 관광지 이미지와는 달리 도로가 제대로 정비되지 않아 일방통행이 많았고 가장 넓은 도로조차 편도 2차선 수준이었습니다.
자동차로 이곳저곳을 다니기에는 너무 불편했죠.
그래서 발리 사람들이 가장 선호하는 교통수단은 오토바이였습니다. 저도 현지인들처럼 오토바이를 빌려서 발리 이곳저곳을 많이 돌아다녔죠.

그렇게 일주일 정도 타보니 현지인들이 마스크를 쓰고 다니는 이유를 알 것 같더군요.

도로에서 마스크 없이 오토바이를 타면 매연이 너무 심해 계속해서 기침이 나왔습니다. 사방이 개방된 오토바이를 타고 달리니 주변의 심한 매연 때문에 마스크 없이는 다닐 수가 없었죠.

선생님도 당장 마스크를 구입했습니다.

이유를 알게 된 후에야 비로소 별게 아닌 게 되어버렸습니다.

수학 문제를 풀 때 발상이 당장 떠오르지 않는다고 앞으로도 떠오르지 않는 게 아니에요.

숙소에 있을 땐 몰랐지만 오토바이를 타고 다닐 때 그 이유가 떠올랐던 것처럼 약간만 시야가 확장되어도 쉽게 풀리는 문제들이 많습니다.

어려운 수학 문제를 만나면 어떻게 접근해야 할지 방향이 안 보이기도 합니다. 그리고 답지를 보면 내가 이걸 왜 몰랐지 할 정도로 허무한 경험이 있을 겁니다.

충분히 풀 수 있는 문제의 해법을 떠올리지 못하는 것은 대부분 고정관념 때문입니다. 풀다가 막힌 문제에 너무 많은 시간을 낭비하지 마세요. 다른 문제나 과목을 공부하고 다시 돌아오면 그 문제는 생각보다 쉽게 풀릴 수 있습니다.

주차장 입구가 닫혀버렸다면?

여러분은 자가용을 타고 친구 아버지의 장례식장을 찾았습니다. 장례식장의 주차료가 비싸서 근처 대형마트 주차장에 주차를 했죠. 친구를 도와주다 보니 새벽이 훌쩍 넘었고 차를 타고 집으로 가려는데, 주차장의 입구의 셔터가 닫혀있습니다. 다음날 출근을 해야 하는데 대중교통이 안 닿는 지역이라서 반드시 차를 타고 가야 하는 상황입니다. 이럴 때 여러분은 어떤 선택을 하시겠습니까?

※학생들의 생각

- 월차를 낸다.
- 택시를 타고 회사에 출근한다.
- 같은 직장동료의 차로 출근한다.
- 차를 렌트한다.
- 근처 찜질방에서 잔다.
- 장례식장에서 잔다.
- 근처 호텔에서 잔다.
- 친구에게 차를 빌리고 다음날 저녁에 차를 바꾼다.
- 택시 불러 집에 갔다가 다음날 출퇴근용 차가 아닌
  드라이브용 스포츠카를 타고 출근한다.
- 장례식장 리무진을 탄다. (.......)
- 셔터를 열어본다. (그렇죠, 이런 건 시도해봐야겠죠?)
- 카쉐어링 애플리케이션을 활용한다. (오!)

선생님이 실제로 겪었던 사례입니다.
선생님은 셔터를 관리하는 사람이 있을 거라고 생각하고 셔터 주변에서 사무소 전화번
호를 알아냈습니다. 다행히 근처에 관리 직원이 있었고 상황은 생각보다 간단하게 종료
되었습니다.

공공자전거 따릉이 이야기

얼마 전까지만 해도 '자전거 대여'라고 하면 유원지 데이트를 떠올렸습니다.

근방의 멋진 곳을 둘러보고 빌린 곳으로 다시 반납하는 시스템이었죠. 그런데 IT기술의 발달로 자전거를 빌린 곳이 아닌 다른 곳에서 반납할 수 있는 시스템이 빠르게 보급되었습니다. 서울시에도 따릉이라는 자전거 대여 서비스가 있는데요, 이 이야기를 해볼까 합니다.

따릉이 자전거

따릉이는 고가의 자전거에 비해 상당히 단순한 기능을 가지고 있습니다. 속도가 빠르지 않고 변속기어도 3단밖에 없죠. 그러나 이처럼 단순한 자전거가 IT 기술과 행정 서비스를 만나 엄청난 편리성을 만들어 냈습니다.

대여한 곳이 아닌 **다른 곳으로 반납**할 수 있도록 한 것이죠. 교통카드와 앱 만으로 대여가 가능하고, 주변의 거치대에 무인 반납이 가능합니다. 또한 자전거에 붙어있는 단말기로 얼마나 이동했는지도 알 수 있으며, 잠시 정차를 위한 잠금장치까지 마련되어 있습니다.

'레저 수단'이었던 대여자전거를 **'이동 수단'**으로 확장한 서울시 자전거 따릉이.
관리, 도난의 걱정 없이 누구나 간편하게 자전거를 사용할 수 있게 되었죠. 운동하고 싶을 때, 막차가 끊겼을 때 상당히 유용하다는 평가를 받고 있습니다.
3단 자전거, RFID, GPS, 애플리케이션 등 각각을 살펴보면 선생님의 회사에서도 충분히 만들 만한 단순한 기술들이죠. 그렇지만 이것으로 수백만 시민에게 편의를 주는 가치를 만들어냈습니다.

간단하고 구현 가능한 기술들로 정말 가치 있는 것을 만드는 힘.
그것이 바로 훌륭한 기획자의 능력입니다.

여러분도 혹시 훌륭한 기획자가 되고 싶은가요?

그렇다면 평소에 마음껏 궁금해하고 상상해보세요.

기술력을 높이는 것도 중요하지만 그것을 누구에게 어떻게 사용할지를 떠올리는 능력 또한 중요합니다.

수많은 사람들에게 편리함을 제공하는 아이디어는 그리 멀리 있지 않습니다.

파파이스 이야기

선생님이 어렸을 적 동네에서 가장 인기 있었던 패스트푸드점은 '파파이스'였습니다.
그런데 길을 지나다가 파파이스 간판을 볼 때면 항상 의문이 들었어요.
파파이스 매장 간판에 표기돼있던 영어 이름.

"popeyes"
"포... 포페예스?"

아무리 읽어봐도 파파이스로 발음이 되지 않았습니다.
영어 스펠링은 'papais' 정도가 돼야 할 것 같은데 말이죠.

그래서 인터넷에 검색을 해봤습니다.
popeyes는 pop(튀어나오다)과 eyes(눈)를 붙여서 읽는 것이었죠.
미국에서는 아주 맛있거나 놀라운 장면을 볼 때 이러한 표현을 쓴다고 합니다.

'눈이 튀어나올 정도로 맛있는 패스트푸드점!'이라는 의미였던 것이죠.

'팝 아이즈'라고만 적어놔도 눈치챘을 단어를 파파이스라고 써놓았으니 의미를 알 수가 없었던 것이죠. 그런데 만약 선생님이 이것을 보고 궁금해하지 않았다면 pop eyes의 의미를 알 수 있었을까요?

지금 여러분은 학교에서 알려주는 지식을 의심 없이 받아들이는 단계일 수 있지만, 그래도 마음껏 궁금해하고 찾아보세요.
세상에 당연한 것이란 없습니다.
저마다 이유가 있고 역사가 있고 의미가 있죠.

질문을 던지는 사람과 그렇지 않은 사람의 상상력과 가능성의 차이는 점점 더 커지게 됩니다.

진짜 원인을 파악한 대학 총장

미국 컬럼비아 대학교는 예쁜 잔디밭으로 유명했습니다.
그런데 이 잔디밭에 문제가 생기기 시작했죠.

'학생들의 무단횡단'

학생들의 무질서함에 지친 교무처장은 총장님께 건의했습니다.

"총장님,
 잔디밭이 심하게 망가지고 있습니다.
 무단횡단을 하는 학생들을 엄중 처벌해야 합니다.
 무단으로 침입하는 학생들을 처벌할 수 있게
 교칙을 바꾸어 주십시오."

총장은 곰곰이 생각해 보았습니다.
학생과 잔디
어느 것이 더 중요한지.

그리고 교무처장의 완곡한 요청에도 일단 기다려 보라는 이야기를 하며 잔디밭으로가 무단 횡단하는 모습을 진득하니 바라보았죠.

오랫동안 지켜보고 있으니 총장님은 진짜 원인을 알게 되었습니다.

'정문과 강의실 사이에 있던 잔디밭'
학생들이 강의실을 가기 위해서는 잔디밭을 돌아가야 했고,
수업시간에 늦은 학생들은 출입 금지 안내문에도 불구하고
지각을 하지 않기 위해 잔디밭을 가로질러 가는 경우를 종종 발견
했던 것이죠.
학생들의 불편을 직접 느낀 총장님의 해결책은 간단했습니다.

**"처벌 규칙을 강화하지 말고 그 자리에 길을 내주세요.
학생들이 편하게 지나다닐 수 있도록"**

columnbia university 잔디밭

우리는 어쩌면 한쪽을 얻기 위해서는 한쪽을 희생해야 하는
세상의 원리에 너무 익숙해진 것 인지도 모르겠습니다.

마치 잔디를 얻기 위해 어쩔 수 없이 처벌을 강화해야 한다고 주장했
던 교무처장의 이야기처럼 말이죠.
그렇지만 상충되는 두 측면을 잘 관찰하다 보면 굳이 한쪽을 희생하
지 않고도 서로가 만족하는 좋은 해결책을 만들 수 있습니다.
진짜 이유를 찾으려고 노력한 이 총장님처럼 말이죠.

너무 한쪽 면만 바라보지 마세요.
여러 측면을 고려하다 보면 문제는 더 쉽게 풀릴 수 있습니다.
그리고 세상은 그런 사람들을 원하죠.

아, 그리고 문제를 종합적으로 잘 해결했던 이 총장님은 몇 년 후 미
국 34대 대통령이 됩니다.

미국의 34대 대통령 아이젠하워

거대한 타워크레인은 어떻게 운반하고 설치하는 걸까요?

대형건물을 짓는 공사현장에서 종종 보게 되는 타워크
레인, 저렇게 큰 구조물을 어떻게 운반하는지 평소 궁
금하지 않았나요? 그리고 상당히 높은 위치까지 어떻
게 올리는 걸까요?

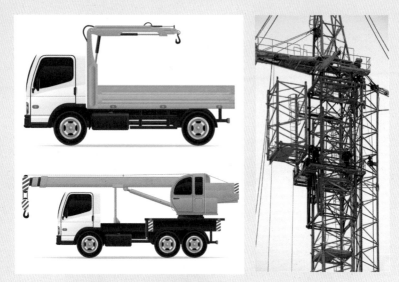

타워크레인를 운반하는 방법

타워크레인은 조립이 가능한 형태로 분리되어 운반됩니다. 각각의 구성 요소들을 트럭으로 운반한 뒤, 타워크레인 중심부가 자신의 몸통을 스스로 쌓는 방식으로 설치됩니다.
타워크레인을 본 사람은 많지만 어떻게 운반되는지 궁금해했던 사람은 많지 않을 겁니다.
주변 세상의 이유에 대해 궁금해하는 습관을 가져보세요.
지금까지 보지 못했던 세상이 펼쳐질 것입니다.

3장. 수학, 어디부터 시작해야 할까요?

공부 방향

내비게이션, 자전거, 사업 그리고 수학공부
시작해야 보이는 세상

여러분은 내비게이션이 차의 위치를 잡는 순간을 자세히 본 적이 있나요? 내비게이션은 처음 시작할 때 제대로 된 위치를 잘 잡지 못하다가 어느 정도 움직여야 정확한 위치와 경로가 나오게 됩니다. 제자리에 있으면 아무리 고성능 내비게이션이라도 방향을 잘 잡지 못하죠.

자전거도 마찬가지입니다. 제자리에 있으면 균형을 잡기 힘들지만, 한번 움직이면 그때부터는 몸이 원하는 대로 저절로 나아갑니다.

선생님은 공부, 일, 연애, 대인관계 등 세상의 많은 것들이 이러한 이치를 따르는 것 같다는 느낌을 자주 받습니다. 그대로 멈춰있으면 아무것도 안 된다는 것이죠. 지금 상황이 어찌 되었건 일단 시작을 해야 방향감각이 잡히고 제대로 나아가는 경우가 많습니다.

예를 들어 직장에서 마음에 안 드는 부분이 생기면 우선 일침부터 가하는 프로 일침러들이 있습니다. 고백하자면 선생님도 그런 사람 중 한 명이었죠.

그동안 선생님은 IT 회사에서 굵직한 프로젝트들을 맡아 왔기 때문에 IT 업무에 있어서는 전혀 문제 될게 없었고, 작게 시작한다면 경영도 그리 어려울 것 같지 않아 직장을 그만두었습니다. 퇴직 후 3개월 안에 성공하리라 확신을 가졌지만 직접 뛰어든 창업의 현실은 달랐죠.

생각했던 그 거창한 계획은 12번이나 피버팅[11]되었습니다.
직접 해본 경영은 일침 놓을때처럼 만만한 게 아니었습니다.
돌이켜보면 공부도 마찬가지입니다.
이렇게 공부해야 되나, 저렇게 해야 되나 고민만 하고 있다면
평생 같은 고민을 하게 될 가능성이 높습니다.
직접 뛰어들기 전까지는 안 보이는 것들이 많기 때문이죠.
주변 사람들이 하는 일침들이 그럴듯하게 들려도
여러분의 방향과 성향에 적합한 조언이 아닐 수 있습니다.
해보고자 한다면 삽질이라도 일단 시작을 해보고,
"아 이게 삽질이구나"라는 것을 스스로 깨닫는 것이
결과적으로는 원하는 지식을 훨씬 빨리 습득하는 길입니다.

조금 더 쉽고 빠른 길을 찾으려
아무것도 시작하지 않는 학생들이 많습니다.
물론 좋은 공부법을 찾는 과정도 중요하겠지만,
오히려 남들이 말하는 공부법들과

---

11 스타트업 세상에서 기존의 사업 아이템이나 방향을 바꾸는 것을 피버팅pivoting이라고 합니다.

여러분의 스타일은 안 맞을 수도 있어요.
고민만 하면서 멈추어 있는 것보다
뭔가 나에게 괜찮다고 느껴지는 공부법이 있다면
일단 한번 시도해 보세요.
백지복습이든, 오답노트든, 오답봉투든, 오답정리든,
뭐든 좋습니다.
일단 나와 잘 맞는지 테스트해 보고 꾸준히 피드백 받으면서
자신에게 적합한 방향으로 피버팅해보세요.
날 지치게 하지 않는 공부법으로 균형을 찾는다면,
더 이상 공부법에 고민하지 않아도 될 정도의
재미있는 학습 시간이 펼쳐질 것입니다.

마치 자전거를 타고 앞으로 나아가는 것처럼 말이죠.

아버지와 아들의 나무 베기 시합
시행착오로 얻어지는 지혜

아버지와 아들이 산에 있는 나무를 누가 더 많이 베어 오는지 겨루는 시합을 했습니다. 아들은 아침 해가 뜨자마자 부지런히 산에 올라 온종일 나무 베었고, 아버지는 오후가 돼서야 산에 올라 나무를 베기 시작했죠. 아버지가 방심을 하고 있다고 생각한 아들은 쉬지 않고 나무를 베고 의기양양하게 집으로 돌아왔습니다.
그런데 이게 웬일일까요. 하루 종일 일한 아들보다 반나절을 일한 아버지의 땔감이 훨씬 더 많았습니다.

아버지는 산에 오르기 전 여러 개의 도끼를 날카롭게 갈아두어서 훨씬 빠르게 나무를 베었던 것이죠. 그래서 아들이 아무리 열심히 해도 아버지의 속도를 따라가지 못했던 겁니다.

이 옛날이야기는 마냥 부지런하기보다 똑똑하게 준비하는 것이 더 중요하다는 교훈으로 들릴 수 있습니다.
그런데 선생님은 이 이야기가 조금 다르게 느껴졌습니다.
아버지가 도끼날의 중요성을 알기까지
얼마나 많은 시행착오를 겪었을까요?

무뎌진 도끼로 인해 얼마나 많은 고생을 했기에
도끼날의 소중함을 알았을까요?
아버지의 비결에 놀란 아들은
다음부터 도끼날을 갈아야겠다는 생각을 하지 않았을까요?

모든 시행착오는 너무나도 소중합니다.
여러분이 지금 겪고 있는 일들이 시행이 착오일지라도,
언젠가 그 덕분에 더 빠르고 좋은 길이 보일 겁니다.
그러나 똑똑한 준비만을 핑계 대고
시행착오를 전혀 겪지 않으려는 사람에게는
그런 좋은 길이 보이질 않습니다.

어떤 길이든 좋습니다.
무엇이라도 시작해보세요.
그리고 부지런히 해보세요.

그 부지런함으로 한번 이룬 자신감은
여러분의 운명도 바꿀 수도 있습니다.

알아두면 조금은 쓸모 있는 수학 해킹

지금이 2018년이라면 중학교 3학년 학생은 몇 년생일
까요?
자신이 몇 초 만에 이 문제를 풀었는지,
어떻게 계산했는지를 써 보세요.

※ 선생님의 생각

많은 친구들이 본인 혹은 사촌의 나이와 비교해서 문제를 풀었습니다.
또는 올해−나이+1=생년이라는 공식을 암기해서 푼 친구도 있었고요.

여러분이 수열이나 경우의 수를 풀 때도 이런 방식을 써보세요.
주변 수와 비교해서 숫자를 구하거나, 간단한 공식을 암기하는 것이죠.

자주 쓰는 패턴에 대해서 빨리 풀 수 있는 획기적인 방법을 IT 업계의 사람들은
소위 '해킹'이란 용어를 많이 쓰는데요,
셈에 약한 선생님이 자주 쓰는 수학 해킹 몇 가지를 공유해 보고자 합니다.

■ (한국)나이계산 :
  올해 − 나이 + 1 = 생년
  올해 − 생년 + 1 = 나이

■ 평수 계산 : 70 가 몇 평인가?
  정확한 계산 70/3.3
  살짝 부정확하지만 빠른 계산 70*3/10

■ 빼기계산 :
  0.5 − 0.3413 = 0.4999 − 0.3412 = 0.1587

■ 더하기 계산 :
  56 + 87 = (56+4) + (87−4) = 60+83 = 143

■ 원 달러 환율 계산 :
  600만 달러 = 6,000,000 x 1,100 = 66억 (일반적인 방식)
  600만 달러 =>
  0 하나 지우고 단위를 올린다. (만=>억) 그것의 10%를 더한다.
  ex) 600만달러=> 60억 +6억 => 66억

이삿짐을 옮기는 것처럼
언젠가는 정리되는 복잡성

IT기업을 직접 운영하면서 할 일이 너무 많아
지칠 때가 많았습니다.
개발, 마케팅, 경영, 채용, 장애 복구, 행사 준비, 세금, 제휴 등등.

기한 안에 새로운 시스템을 오픈하는 해야 하는 데다,
마케팅을 위한 행사까지 준비해야 하는 런칭 기간에는
몸이 열 개라도 모자란다는 느낌을 받습니다.

끊임없이 문의 전화가 걸려오고 하루에 수십 통씩 이메일을 보내
야 하는 날이 이어집니다. 이메일을 보냈는지 아닌지도 깜빡할 때
가 많아 여러 번 보낸 메일함을 보면서 소통을 하죠.

그렇지만 그 모든 일들은 어느 한순간이 되면
태풍이 그치듯 조용히 끝나게 됩니다.
마치 이삿짐을 나르는 것처럼 말이죠.

이삿짐으로 가득 차 있는 집 안의 상황을 생각해보세요.
뭘 어디서부터 해야 할지 모르겠지만 하나 둘씩
천천히 옮기다 보면 어느새 점차 정돈되어 가는 모습을 보게 되죠.

위기가 온다고 해도 당황하지 마세요.
어떤 위기 상황이 와도 빠져나갈 구멍은 있습니다.
도무지 지금으로서는 어떻게 할 수 없을 만큼 복잡한 상황이라고
해도, 사람은 어떻게든 방법을 찾아내게 됩니다.
그리고 복잡해 보이더라도 실제는 생각보다 단순하죠.

가장 안 좋은 것은 먼저 겁을 먹고 아무것도 하지 않는 것입니다.

마시멜로이야기
자기통제력과 안목

마시멜로 이야기라는 책을 읽어 보았나요?
IQ보다 성공에 더 중요한 요인을 설득력 있게 주장한 책으로 유명하죠. 이 책에서 말하는 성공의 요인은 바로 **'자기통제력'**입니다.

맛있어 보이는 마시멜로를 책상 위에 놓아두고, 어린아이에게 15분 동안 나갔다 올 테니, 먹지 않고 기다리면 한 개를 더 줄 것이라고 제안을 합니다. 대부분의 아이들은 그 시간을 참지 못하고 마시멜로를 먹지만 몇몇 아이들은 15분을 참아내고 결국 두 개 얻어냅니다.

15분의 유혹을 참아낸 아이들이 성인이 되었을 때의 삶을 조사해 보니, 그러지 못한 아이들에 비해 평균 학업성적과 연봉이 훨씬 높게 나타났습니다. 따라서 성공의 밑거름은 바로 '자기통제력'에 있다는 것을 말하고 있죠.

세상의 많은 일들에서 '자기통제력'은 정말 중요한 요소입니다.

입시, 취업, 내 집 마련, 다이어트

눈앞에 있는 유혹들을 참아내고
미래를 위해 투자를 할 때
성공 가능성을 높일 수 있는 일들이 참 많죠.
그런데 여기서 한 번 더 생각해봐야 할 점이 있어요.

모든 일들을 이렇게 통제하면서 살아야 할까?
분명 어떤 일은 자기통제가 필요하지만,
굳이 그렇게 할 필요가 없는 일들도 있습니다.
마시멜로를 한 개 더 준다고 하지도 않았는데,
15분 참는 것은 그저 스트레스만 주는 것은 아닐까요?

모든 일을 통제하는 삶은 행복하지도 않을뿐더러
'강박'이라는 이름으로 인생을 우울하게 만들 수 있습니다.
그래서 자기통제력을 갖는 것도 중요하지만, 그것을 적절히 발휘
해야 할 대상을 찾는 **'안목'** 또한 중요하지 않나 생각합니다.

우리는 일의 중요성을 알기 위해서 앞선 길을 갔던
선배나 롤모델을 활용할 수 있습니다.
잘 노는 사람들이 성공하는 이유도 여기에 있을 것입니다.
다양한 사람들과 소통을 하면서 자연스럽게 안목이 넓어지는 것
이죠.
어떤 이들은 이런 안목을 기르기 위해 언론에서 제공해주는 정보

를 적극 이용하지만, 자신의 주관이 없다면 오히려 다수의 의견에만 이끌리게 될 가능성이 높습니다.

여러분들이 스스로 인정할 수 있는 지식이 있어야 합니다.

그래야 휘둘리지 않고 주관적으로 일의 중요성을 판단할 수 있습니다. 모두가 아니라고 해도 휩쓸리지 않고 나아갈 수 있는 원동력이 생길 것입니다.

그리고 보통 이런 사람들이 역사를 다시 쓰게 되죠.

아기와 소통하는 법
강박 없는 노출이 언어를 완성시킨다

아직 옹알이 밖에 할 줄 모르는 아기와 이야기를 해보려 한 적 있나요?

"우쭈쭈, 맘마, 우르르 까꿍"

물론 유아어로 말하면 아기들이 좋아할 수 있지만, 많은 전문가들은 이렇게 소통하는 것이 아이의 언어 습득에 결코 도움이 되지 않다고 합니다. 알아듣든 그렇지 못하든, 정확한 단어와 문법으로 이야기를 하는 것이 아이의 두뇌 발달에 더욱 도움이 되기 때문이죠.

우리도 새로운 지식을 얻기 위해 종종 아기의 입장이 되곤 합니다. 눈높이에 맞지 않은 지식에 적응하기 위해서 답답하고 힘들 때도 생깁니다. 하지만 우리 뇌의 직관 영역은 점점 익숙해지고 있을 겁니다.

새로운 지식들을 받아들이면서 정보의 미묘한 패턴을 몸소 기억하게 되는 것이죠. 반복되는 단어의 중요성을 파악하고, 어떤 부분에 집중해야 하는지 알게 되면서 점점 더 용어들에 익숙해지기 시작하죠.

선생님의 친구 중에는 10개 국어를 사용할 줄 아는 국제 변호사

톰톰이(가명)가 있습니다.

그 친구의 핸드폰에는 한/영 버튼뿐만 아니라 언어 버튼이 있고, 그걸 누르면 10가지의 언어가 팝업으로 나옵니다. 그리고 종종 이태원에서 보게 되는 그의 다양한 언어 실력은 그 능력이 허풍이 아님을 알게 하죠. 선생님은 톰톰이의 이러한 말도 안 되는 이런 능력이 너무 궁금해서 물어봤습니다.

"어떻게 그렇게 많은 언어를 사용할 수 있어?"

"나는 매일 아침 신문기사를 읽어왔어, 4개의 언어로!"

톰톰이의 아침 웹브라우져

톰톰이는 매일 아침마다 4가지 언어로 번역된 똑같은 내용의 신문기사를 읽는다고 합니다. 하나는 모국어인 영어, 나머지는 자신이 공부하는 언어들이죠.

시험 보듯이 단어장을 만들고 문법을 체크하면서 강박을 가지고 공부하는 것이 아니라 그냥 그 글들을 한번 쭉 훑어보고 출근하는 겁니다.

이해가 되든 안 되든 매번 그렇게 자신을 노출시키다 보면 낯설었던 언어가 어느새 익숙해지고 자연스럽게 몸에 밴다고 하더군요.

강박감 없는 노출이 언어 실력을 높여주고 있었던 것이죠.

새로운 지식을 원할 때, 이해되지 않는다고 너무 일찍 포기하지 마세요. 콩나물에 물을 주듯이 이야기를 듣고 또 듣다 보면 어느새 익숙해지게 될 겁니다.

마치 언어를 습득하는 아이처럼 말이죠.

남자아이를 선호하는 마을의 성비는?

어떤 마을이 있습니다. 이 마을은 남아 선호 사상이 심해서 남자아이가 태어날 때까지 아이를 낳는다고 합니다. 그렇게 남자아이가 태어나면 더 이상 아이를 낳지 않습니다. 이 마을의 주민이 무수히 많다고 가정할 때 이 마을의 성비는 어떻게 될까요?

실제로 구글의 입사 면접에서 질문됐던 문제입니다.
#멱급수 #확률분포표 #등비수열 합 #등비급수
여러분이 이 단원들을 어느 정도 배운 학생들이라면 아래의 증명 방법이 이해가 될 것입니다.

$$\left\{ \begin{array}{l} \text{남} \cdots \text{case 1} \\ \text{여} \left\{ \begin{array}{l} \text{남} \cdots \text{case 2} \\ \text{여} \left\{ \begin{array}{l} \text{남} \cdots \text{case 3} \\ \text{여} \end{array} \right. \end{array} \right. \end{array} \right. \qquad \begin{array}{l} \text{남아수 } X \\ \text{여아수 } Y \end{array}$$

X	1
$\frac{1}{2} + \frac{1}{4} \cdots$	1

$$E(X) = 1 \times \left(\frac{1}{2} + \frac{1}{4} + \cdots \right) = 1$$

Y	0	1	2	$\cdots$
	$\frac{1}{2}$	$\frac{1}{4}$	$\frac{1}{8}$	$\cdots$

$$E(Y) = 0 \times \frac{1}{2} + 1 \times \frac{1}{4} + 2 \times \frac{1}{8} + \cdots \quad \text{(멱급수)}$$

$1 \times \frac{1}{2^2} + 2 \times \frac{1}{2^3} + \cdots + n \times \frac{1}{2^{n+1}}$ 을 S_n 이라 하면

$$E(Y) = \lim_{n \to \infty} S_n$$

$$S_n = 1 \times \frac{1}{2^2} + 2 \times \frac{1}{2^3} + \cdots + n \times \frac{1}{2^n}$$

$$- \quad \frac{1}{2} S_n = \qquad\qquad 1 \times \frac{1}{2^3} + \cdots + (n-1) \times \frac{1}{2^n} + n \times \frac{1}{2^{n+1}}$$

$$\frac{1}{2} S_n = \frac{1}{2^2} + \frac{1}{2^3} + \cdots + \frac{1}{2^n} - n \times \frac{1}{2^{n+1}}$$

$$S_n = \frac{1}{2} + \frac{1}{2^2} + \cdots + \frac{1}{2^{n-1}} - n \times \frac{1}{2^{n+1}}$$

$$= \frac{\frac{1}{2} \left(1 - \left(\frac{1}{2} \right)^{n-1} \right)}{1 - \frac{1}{2}} - n \times \frac{1}{2^{n+1}}$$

$$\lim_{n \to \infty} S_n = 1$$

$$\therefore E(Y) = 1$$

남아의 기댓값과 여아의 기댓값이 1로 같습니다.
즉, 극한의 개념과 위와 같은 증명 과정으로 인하여 해당 문제의 가장 합리적인 답은
"각 가정마다 평균적으로 1명의 남아와 1명의 여아가 있으며 그 비율 역시 동일하다."입니다.

그런데 말입니다.
이 문제는 입사 면접 문제입니다.
더구나 창의력을 요구하기로 유명한 구글이고요.
이렇게 정답 하나 딱 내는 것이 면접을 잘 보는 방법일까요?

선생님은 이 문제를 보고 조금 더 생각을 해봤어요.
"내가 심사관이라면 어떤 답을 제시한 사람을 뽑을까?"라고 생각하면서 말이죠.
제가 구글 인사 담당자라면 한 가지 대답보다는 다양한 답을 내놓는 사람을 뽑을 것 같
습니다. 세상에는 정해진 답보다 해답을 만들어 가야 하는 경우가 더 많기 때문이죠.

선생님은 문제를 이렇게 바꿔보고 싶었어요.
왜 굳이 아들을 낳을 때까지 무한대로 낳는다고 가정할까?
현실에서는 무한대로 아이를 낳을 순 없으니까요.
아이를 셋째까지만 낳는다는 가정으로 바꾼다면?
문제를 변형해서 새로운 문제로 만들어 보았습니다.
풀이도 어렵지 않아요.
위의 공식에서 $\lim\limits_{n \to \infty}$ 부분을 $n = 3$ 까지만 계산하면 되는 것이죠.
계산해보면 알겠지만 비율이 거의 1:1로 비슷하게 나옵니다.

시간과 환경이 주어진다면 컴퓨터 공학을 전공한 선생님은 그 자리에서 간단한 수도코
드[12]를 짜서 보여줄 것 같아요.

세상의 문제들은 시험처럼 한 가지 답만 있지 않을 수 있습니다.
정답을 아는 것보다 중요한건 정답을 찾아가려는 자세와 노력일 것입니다.

---

12 수도코드 (pseudo code) : 컴퓨터가 해석할 수 있는 완전한 프로그래밍 문법은 아니지만, 프로그래머 사이에서 커뮤니케이션
할 수 있도록 하는 간략한 프로그래밍 코드.

육일약국 갑시다
큰 변화를 이루는 꾸준함의 힘

'육일약국 갑시다'라는 책을 아시나요?
어느 자수성가한 사업가의 이야기인데, '육일약국 갑시다'라는 말에 얽힌 이야기가 참 재밌습니다.

이 책의 저자는 약대를 졸업한 한 후 안정적인 직장을 고사하고 창원에 위치한 변두리 동네에 10평짜리 약국을 차립니다.
저자는 전국의 이곳저곳에서 열리는 학회에 참석하기 위해 출장 갈 일이 많았죠. 학회 참석 후 다시 약국으로 돌아갈 때, 택시 운전사에게 매번 같은 길을 설명하는 것이 여간 힘든 일이 아니었습니다. 저자의 약국은 너무나 작은 동네에 있었기 때문에 설명할만한 마땅한 랜드마크가 없었기 때문이죠.

저자는 문득 이런 생각을 합니다.
'어차피 이곳에 랜드마크가 없는데, 우리 약국을 홍보해볼까?'
이 무리일 것만 같은 생각을 택시 탈 때마다 실행하게 됩니다.

택시기사: "어디 가시는교?"

저자: "육일약국 갑시더"

택시기사: "그게 어딘교?"

저자: "아따, 여기서 운전하면서 육일약국을 모르십니꺼 제가 설명해
　　　드릴게요"

매번 이런 식(?)으로 택시를 타기 시작했습니다.
당돌하게만 보이는 일을 벌였지만,
3년 후, 이 한마디 한마디가 육일약국의 역사를 바꿉니다.

랜드마크가 없던 작은 동네에 '육일약국'이 랜드마크가 된 것이죠.
택시기사에게 동네 주소를 불러주면
"아 그 동네는 그렇게 설명하면 모릅니더.
고마 육일약국 가자고 하면 됩니더~!"
라는 말이 돌아올 정도로 사람들에게 유명해졌습니다.

꾸준함은 작지만 큰 변화를 이루는 힘입니다.
아무것도 아니라고 생각했던 습관 하나가 미래를 변화시킵니다.
여러분이 쉬는 시간에 하는 3분 백지복습 하나가 여러분의 역사
를 바꿀 수 있습니다.

세탁소 아저씨와 1만 시간의 법칙

선생님 동네의 세탁소 아저씨는 귀신같이 맡긴 옷을 척척 찾아줍니다. 컴퓨터 시스템이 없어도 누가 언제 옷을 맡겼는지 기억하고 있다가 실수 없이 돌려줍니다.

처음에는 그게 당연하다고 생각을 했지만 생각할수록 참 신기했어요. 그래서 세탁소 아저씨에게 물었습니다.

"어떻게 이렇게 많은 옷을 일일이 기억하고 계세요?"
"그냥 오래 하다 보니 익숙해져서 저절로 기억이 나"

1만 시간의 법칙이라는 이야기가 있죠.
어떠한 일이라도 1만 시간을 투자한다면
남들이 상상하지 못할 정도로 한 분야의 전문가가 된다는 법칙.
여러분도 각자 잘하는 분야와 못하는 분야가 있을 것입니다.

선생님도 복잡한 산수에는 실수도 종종 하지만
컴퓨터 프로그래밍에 있어서는 피아노를 연주하듯이
저절로 손이 움직여요.

여러분이 수학 문제를 계속해서 꾸준히 풀어본다면
어느 순간 손이 자연스럽게 움직이는 경험을 할 수 있을 겁니다.

"내가 늘 똑같은 일을 반복하는 것처럼 보이니?

사실은 그렇지 않아

망치를 내려칠 때마다 때리는 강도가 다르거든

어떨 때는 더 세게, 어떨 때는 더 약하게

이렇게 할 줄 알게 된 건

여러 해 동안 무수한 동작을 반복한 다음이야

그렇게 반복하다 보면

내가 생각하지 않아도 그냥 내 손이 이끄는 대로 일하는 때가 오지"

파울로 코엘료 – 알레프 中

허드슨강의 기적
경험과 무의식의 힘

'설리: 허드슨강의 기적'이라는 영화가 있습니다.

혹독하게 추운 어느 겨울날, 미국 뉴욕에서 155명의 승객을 실은 비행기가 이륙을 준비하고 있었습니다.

주인공 설리반은 말 그대로 산전수전을 겪어본 베태랑 기장이었습니다. 그런데 그가 조종하는 비행기는 이륙 직후 갑작스러운 새 떼와의 충돌로 양쪽 엔진이 모두 망가지는 위기 상황을 맞게 됩니다. 너무나 낮은 고도였던 탓에 빠른 속도로 지면을 향하게 되는데, 그에게 주어진 시간은 불과 3분 남짓이었습니다. 그는 이 속도와 고도로는 활주로에 다다를 수 없다는 것을 직감했고, 누구도 성공한 적이 없었던 수중 착륙을 시도하게 됩니다. 놀랍게도 강 위의 착륙은 성공적으로 이루어져 승객 전원이 무사히 구출되는 기적과 같은 일을 해내게 되죠.

그러나 설리반의 이러한 판단은 오히려 승객을 위험에 빠뜨렸다는 이유로 대대적인 조사를 받게 됩니다.

"왜 당신은 활주로로 향하지 않고 강에 착륙했는가!"에 대한 질책이었죠.

설리반이 새로 설립한 비행 안전 컨설팅 회사를 홍보하기 위해 일부로 사고를 낸 것이 아니냐는 오해까지 받는 상황이 되었습니다. 그도 그럴 것이 설리반이 선택했던 수중 착륙 방법은 위기 대처 매뉴얼에서 15번째에 해당하는 사항이었기 때문입니다.

절체절명의 상황에서 모든 승객을 안전하게 구출한 설리에게 너무나도 억울한 진실 공방이 벌어졌습니다. 결국 여러 번의 시뮬레이션을 통해 설리반의 선택이 최선이었다는 것이 입증되면서, 그는 의혹의 당사자에서 국민적 영웅으로 떠오르게 됩니다.

그렇다면 설리반은 어떻게 그 짧은 순간에 최선의 방법을 찾아낼 수 있었을까요?

그것은 바로 수많은 비행 경험에서 얻은 무의식일 것입니다.

오랜 비행 경험 동안 쌓인 판단력이 무의식적인 대응능력을 높여 비상상황에서도 가장 정확한 선택할 수 있는 통찰이 생긴 것이죠.

아무리 수학 공부를 해도 기억 안 난다고 속상해하지 마세요.

수학은 여러분 무의식에 쌓이게 됩니다. 비행기가 추락하는 것과 같은 긴장감을 갖게 되는 수능 시험장에서 여러분을 구출해줄 수 있는 것은 여러분들의 무의식입니다. 그리고 무의식은 맞을 때보다 틀릴 때 더 기억에 오래 남죠.

"다음에 이런 문제가 나오면 어떻게 이 발상을 생각해낼 수 있을까?"라고 스스로 질문하면서 오답노트를 만들어 보세요. 그 발상 하나하나가 긴장감 넘치는 시험 속에서의 한줄기 빛이 되어 줄 것입니다.

지하철 주변 지도는 왜 북쪽을 가리키지 않을까?

지하철에 게재된 안내지도를 보면 북쪽 방향을 위로 두지 않고 방향이 제각각으로 향해 있습니다. 왜 그럴까요?

지하철 내부에 게시된 주변지역안내도

※ 선생님의 생각

선생님은 북쪽이 위쪽으로 향해야 방향감각을 잘 잡는 편인데, 많은 사람들이 그렇지 않은가 봅니다.
내비게이션을 사용할 때도 보고 있는 방향이 위쪽을 바라보게 하고 운전을 하게 되죠.
지하철 지도 역시 마찬가지입니다.
북쪽이 아니라 지도를 보고 있는 방향이 위쪽을 향하도록 디자인된답니다.

이 지도를 봤을 때 북쪽을 바라보고 있다면 위쪽이 북쪽인 것이고,
남쪽을 바라보고 있다면 위쪽이 남쪽인 것이죠.

점점 익숙해지는 초행길

가끔 지방에서 과외수업이 잡히면 학생의 집 주소만 받고
내비게이션을 따라가곤 합니다.
처음 가보는 길이라 낯설기도 하고 설레기도 하면서 멀게만 느껴
집니다.
다음 번 같은 길을 가게 되면 초행길보다 조금 더 익숙해지죠.
그렇게 세 번 정도를 가면, 딴생각을 하면서 가도 될 만큼 익숙한
길이 됩니다.

사람은 적응의 동물이라는 말이 있습니다.
어떤 일이든 일단 익숙해지면 그다음 단계가 보이게 됩니다.
시그마, 적분, 미분, 벡터, 속도와 가속도, 공간좌표, 삼수선 정리,
공간도형의 방정식 등 모두 처음 공부할 때는 시간이 오래 걸리고
무슨 의미인지 전혀 와닿지 않을 수 있습니다.

한꺼번에 다 이해하려고 하지 말고 그냥 훑어보세요.
두 번 훑어보고

세 번 훑어보고
계속 훑어보는 것이죠.

너무 어렵다면 쉬운 문제부터 조금씩 익숙하게 만들어 보세요.
그럼 아마 선생님이 여러 번 가게 되는 길처럼 여러분은 그 문제
를 풀면서 딴생각을 하는 경지까지 오를 수 있게 될 겁니다.

검색 엔진 최적화

SEO[13]는 마케팅에 있어서 아주 중요한 요소입니다.
이것을 사이트에 잘 구축해 놓으면 구글, 야후, 바이두, 네이버,
다음과 같은 검색엔진들이 자동으로 사이트를 분석해 노출되도록
만들어 줄 수 있게 됩니다.

그래서 사이트를 설계하는 CTO의 입장에서는
SEO를 효과적으로 구축해 놓는 것이 상당히 중요한 일입니다.
그렇다면 어떻게 검색엔진에 잘 노출이 되는 SEO를
구축할 수 있을까요?

매우 다양하고 복잡한 변수가 많아서 모두 설명할 수는 없지만,
중요한 것 중 하나가 **부지런한 콘텐츠의 변화**입니다.

상품 내용을 수시로 업데이트하고
새로운 상품을 주기적으로 선보인다면,

---

13 SEO (Search Engine Optimization) : 검색 엔진에 최적화하여 노출되기 위한 모든 방법을 뜻한다. SEO가 잘 된 사이트는 구글,
네이버, 다음 등의 검색 포탈에서 상위 랭킹의 가능성이 높아지게 된다.

검색 엔진은 그 패턴을 파악하고
해당 사이트의 검색 순위를 높여줍니다.
반대로 사이트를 만들어 놓고 아무런 작업도 하지 않는다면
검색 엔진은 그 사이트의 검색 순위를 점차 낮추게 됩니다.

검색순위가 높아지면 어느 순간부터 방문자 수가 급격하게
늘어나면서 매출은 1차 함수가 아닌 지수함수의 꼴로
증가하게 되죠.

본인의 실력을 이와 같이 매일매일 조금씩 업데이트해보세요.
CTO에게는 방문자 수가 그 결과라고 한다면
여러분들에게는 점수일 것입니다.

멈추지 않고 꾸준히 업데이트한다면 여러분의 점수는 쌓이고 쌓
여 지수함수처럼 늘어나게 될 것입니다.

제주 도깨비 도로의 비밀

제주도에는 도깨비 도로라는 신기한 길이 있습니다.
눈으로 보기에는 오르막인데, 실제로는 내리막인 곳이
죠. 그 이유가 무엇일까요?

정면에서는 오르막처럼 보이는 내리막길

측면에서 바라본 도로와 펜스

선생님은 제주도를 방문했을 때 궁금해서 직접 찾아가 봤습니다.

도로 옆 카페에서 들어가서 창밖을 바라보니 펜스가 보였죠.

그 펜스를 정면에서 보니 약간씩 올라가는 구조였습니다.

그런데 남쪽에서 바라보면 펜스가 수평처럼 보여서, 내리막인 도로가 오르막인 것 같은 착시를 일으켰습니다.

선생님이 커피를 마시다가 우연히 본 창밖의 모습에서 도깨비도로의 비밀을 찾았듯이 정답은 의외의 장소에서도 나올 때가 있습니다. 너무 어렵게 생각하지 마세요.

4장. 수학, 어떻게 해야 하나요?

공부법

밤새우지 않고 성적을 높이는 스마트한 공부법

어떤 친구는 밤을 새우면서 공부해도 성적이 오를 기미가 안 보이지만, 어떤 친구는 종일 놀기만 하는 것 같아도 성적은 잘 나옵니다.
"에이~ 선생님 걔네는 티 안 내고 밤늦게까지 하는 거예요.
공부를 해야 나오지 어떻게 놀기만 하는데 성적이 나옵니까!"

물론 마냥 노는 것처럼 보이는 친구도 공부를 하긴 하겠죠.
그러나 그 친구는 **스마트하게 노력**을 합니다.
선생님이 스마트하다고 느낀 그 친구들의 공부법에 대해 이야기해 볼까 합니다.

선생님은 수업이 끝나면 간단한 숙제를 당일까지 제출하도록 합니다.
그날 바로 숙제를 제출하는 학생이 있는가 하면,
귀찮아서 다음날 이후에 숙제를 제출하는 학생들도 있습니다.

완벽하진 않아도 어떻게든 그날의 숙제를 제출하는 학생은 20%

정도 되죠. 바로 그 20%의 학생들이 **노는 것처럼 보이지만 공부를 스마트하게 하고 있는 학생들**이에요.
오늘 수업의 내용을 빠른 시간 안에 복습하는 것이죠.
바로 이것이 최고의 가성비를 내는 학습법입니다.
머릿속 기억이 생생할 때 바로 꺼내 써보는 것과
묵혀 두었다가 시험을 목전에 두고서야 밤샘 공부를 하는 것은
세배 이상 학습력의 차이가 난다고 합니다.

잃어버린 기억을 복구하는 시간
궁금한 것을 물어볼 수 있는 시간
다음 수업시간을 따라가지 못해 놓치게 되는 시간

이후에 세 배의 시간을 쓰더라도 당장은 쉬고 싶은 학생들과
쉴 수도 있지만 10여분의 백지복습이라도 하고 쉬는 학생들.
누가 더 시간을 효율적으로 사용하고 있는 걸까요?

지금 여러분이 버린 10분은 주말의 30분입니다.
길게 보면 1년이 3년이 되는 꼴이죠.
좀 억지스럽긴 해도 1년 공부해서 대학에 갈 것은 삼수해서 가게
되는 시간이 될 수 있죠.

특히 수학 과목은 시험 전날 벼락치기를 해도 피곤하기만 할 뿐
크게 도움이 되지 않습니다.

차라리 수업이 끝나자마자 30분이라도 정리하는 것이
시험 전날 잠을 참아가며 공부하는 것 이상으로 효과가 나죠.
밤새우지 않고도 성적을 높여가는 방법,
어렵지 않습니다.
완벽하지 않아도 오늘 배웠던 것을 10분이라도 돌아보는 습관,
선생님은 이 습관이 가장 중요하다고 생각합니다.

난다 긴다 하는 동기들 사이에서 1등 하기

선생님이 대학을 졸업하고 국내 굴지의 IT기업에 갓 입사한 무렵
이었어요. 패기 넘치는 열정으로 업무를 익혀가는 시기였죠.
처음 2개월 동안은 20명 정도가 한 반이 되어 IT 관련 실무 교육
을 받았어요. 마치 학교로 다시 돌아간 것 같았죠.
국내외 유명 대학교 출신에 많은 수상 경력까지 지닌 동기들.

화려한 스펙을 가진 동기들 사이에서, 저는 기가 죽어도 전혀 이
상할 게 없는 상황이었습니다.

비록 컴퓨터공학을 전공했지만 대학교 시절 생활비 마련을 위해
학과 공부보다 수학을 가르쳤던 시간이 많아 다양한 IT 개발 경험
을 자랑하는 동기들에게 밀릴 것이라고 생각했어요.

그런데 결과는 JAVA 개발자 500명 중에 1등에게 주어지는 최우
수상을 제가 수상하게 됐습니다.
그리고 1년 뒤에 또 다른 상을 한 번 더 수상했어요.

내가 정말 1등을? 수상을 하면서도 믿기지 않았어요.
스펙으로 보면 저는 500명 중 1등을 차지할 만한 사람과 거리가
멀었기 때문이죠. (선생님은 고등학교 2학년까지 3등급 언저리만
겨우 나오던 지극히 평범한 학생이었습니다.)

이유가 뭘까 생각을 해보니
습관이었던 것 같아요.
선생님은 실무교육을 받는 내내
강사님께서 설명하시는 내용을 그대로 필기해서
쉬는 시간에 동기들에게 공유해주었어요.
완벽하지 않아도 재빨리 받아 적어
그날이 끝나기 전에 모든 동기들에게 전해주었죠.

저는 강사님의 수업 내용을 그날그날 정리하면서
자연스럽게 프로그래밍의 구조가 머릿속에 들어왔습니다.
또 동기들 역시 그 기록들을 바탕으로 과제를 수행하였죠.
그 결과 동기들 사이에서도 저는 친절한 반장 이미지가 잡혀
높은 상호평가를 받았습니다.
사실 그 많은 사람들 중에서 제가 가장 뛰어난 실력자는 아니었지
만 오늘 익혀야 할 일을 꾸준히 정리하며 공유했던 습관 하나가
뿌듯한 역사를 만들어 냈던 것이죠.

'천천히 꾸준히'
이 습관은 선생님 인생에 있어서 가장 큰 성공의 기록을 여러 번
써주었고, 그래서 여러분에게 자신 있게 권할 수 있는 문장입니다.

현명한 오답노트 작성법

오답노트를 만드는 방법을 알려드릴게요.
오답노트는 틀리거나 힘들게 맞췄던 문제들 중에서 이해하면 좋은 문제들을 다른 노트에 옮겨 적으며 자신의 생각을 함께 기록해 두는 것입니다.

가급적이면 why? how?를 색깔 펜으로 달아 놓는 것이 좋습니다.
why?는 내가 왜 틀렸는지?
how?는 다음번에 유사한 문제가 나오면 어떻게 떠올릴지?

이 과정에서 여러분은 출제자들의 의도를 파악하는 연습을 하게 되고 문제를 좀 더 입체적으로 바라보게 되는 시야를 갖게 됩니다.
오답노트가 꾸준히 모이면 중요한 시험 전에 색깔 펜으로 써 놓은 why? how? 부분만 집중해서 볼 수도 있겠죠.

한 장씩 뜯어서 주기적으로 재분류하면 가독성이 높기 때문에 단면으로 사용하는 것을 추천합니다.

그런데 예쁘게 꾸미려고 시간과 정성을 너무 많이 쏟는 것은 상당히 비효율적입니다.
부담감을 느끼지 않는 범위 내에서 간략하게 정리하는 것이 적절해요.

오답노트에 옮길 정도로 중요한 문제가 아니라고 생각된다면 풀었던 문제집에 **why, how** 코멘트만 달아 놓아 보세요.

오답노트 작성법 요약

1. 문제, 풀이, 나의 생각을 옮겨 적기
2. why? (왜 틀렸을까)
3. how? (다음에 어떻게 이 생각을 떠올릴 수 있을까?)
4. why? how? 나의 생각은 색깔 펜으로!
5. 오답노트를 만드는데 너무 오랜 시간을 들이지 말 것

Everyday 1 second

유튜브 사이트에 유명한 영상이 있어요.

"everyday 1 second"

everyday 1 second

매일 1초씩의 동영상을 연결해 1년을 365초로 압축한 영상이죠.
이 영상은 많은 사람에게 감동을 일으켰습니다.

1초의 의미가 이렇게 다가올 수 있다니 놀랍지 않은가요?

선생님은 이 영상을 **보는** 사람의 입장이 아닌 **만든** 사람의 입장에서 한번 생각해 보았어요.
이 영상을 만든 사람은 Everyday 1 second 영상을 보면서 어떤 생각이 들까요?
365초 사이에 1년의 모든 기억이 새록새록 떠오르지 않을까요?

기억을 떠올리는 건 많은 것이 필요로 하지 않습니다.
매일매일 기록 한 1초만으로도 충분하죠.

만약 여러분도 리마인드할 수 있는 1초를 만들어 놓는다면
예전의 기억들이 더 잘나겠죠?
가끔 이런 질문을 하는 학생들이 있습니다.

"선생님 모의고사 전에는 뭘 해야 하나요?"

'XXX 샘의 정리 노트'이런 것을 보는 것보다
더 효과적인 공부 방법이 있어요.

바로 **'여러분이 해왔던 기록'** 을 보는 것입니다.
여러분이 기록 했던 오답노트, 오답정리 등
예쁘고 완벽하지 않아도 색깔펜으로 기록해 놓은 그때의 기억들

을 보다보면 이전의 실수들이 새록새록 떠오를 겁니다.

그리고 중요한 시험 앞에서 같은 실수를 반복하지 않게 해주죠.

여러분의 공부 기록을 믿어보세요.

여러분은 충분히 잘 해왔고 잘 할 수 있을 겁니다.

여러분의 작성하는 Everyday 1 Second

바로 **why? how?** 가 달린 **오답노트**입니다.

내선순환과 외선순환?

서울 지하철 2호선은 내선순환과 외선순환 방향이 있습니다.
외선순환은 가지처럼 빠져나온 노선이 아니라
반시계 방향으로 도는 노선을 의미하고,
내선순환은 시계방향으로 도는 노선을 뜻합니다.
이 둘을 종종 헷갈려 하는 친구들이 많은데요,
어떻게 하면 잘 기억할 수 있을까요?

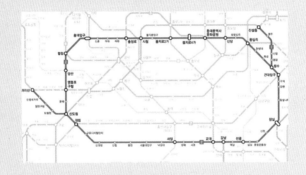

우측통행을 생각해보세요.
우리나라에서는 보행자나 차 모두 우측통행을 하고 있죠?
마찬가지로 지하철도 우측통행을 합니다.
(예외적으로 지하철 1호선 공항철도는 좌측통행을 합니다.)

열차의 운행을 우측통행으로 원을 그려보면
반시계 방향으로 가는 방향이 바깥원임을 알 수 있어요.
그래서 바깥으로 도는 순환하는 노선이라는 뜻에서 '외선순환' 이란
이름이 붙었습니다. 반대 방향은 내선순환이죠.
이처럼 언뜻 이해하기 어려운 공식이 있다면
왜 그렇게 되는지 그림을 한번 그려보세요.
그리고 이 '우측통행'처럼 기억을 쉽게 떠올리게 하는
징검 다리를 찾아보세요. 분명 도움이 될 겁니다.

포스트잇 학습법

선생님이 가끔 학생들의 설문지를 받아보면
수업내용을 따라가지 못해 힘들다는 친구들이 많습니다.
"선생님 저는 함수를 잘 모르겠어요! 함수 부분을 알려주세요!"

그럼 선생님 입장에서는
"함수는 무리함수, 유리함수, 일대일함수, 역함수, 합성함수, 삼각
함수, 지수함수, 로그함수, 새롭게 정의된 함수, 경우의 수와 함수
등등 많은 부분이 있는데 무엇을 모르겠다는 걸까?"라는 생각을 하
며 정작 그 친구가 알고 싶은 부분과 전혀 다른 부분을 알려주기
도 하죠.

여러분을 가르치는 선생님도 사람인지라 모든 학생들의 난이도
에 맞추는 것은 어렵습니다.
학생마다 모르는 부분이 다르고 선생님은 학생들의 상태를 몰라
엉뚱한 부분을 설명하게 되는 경우도 종종 있죠.

이처럼 학생은 궁금한 것을 해결하지 못하고
선생님은 학생의 생각을 알지 못하는 답답한 상황이 교실에서 자주 벌어집니다.
그럼 수업 이후 아무리 질문을 해도 이해가 안 될 수 있어요.
왜냐면 여러분이 모르는 부분을 정확히 물어보지 않았기 때문이죠!

어떻게 해결하면 좋을까요?
선생님의 완벽한 설명을 기대하기보다는 수업시간에 이해가 안
되는 부분이 생기면 포스트잇을 붙여보세요.

그리고 수업이 끝나고 난 후
선생님이나 친구에게 가서 물어보는 것이죠.
선생님이건 학생이건 여러분이 좀 더 구체적으로 물어볼수록
그 질문에 정확하게 답변을 해줄 수 있습니다.

여기서 하나 명심할 점.
모르는 것이 생겼을 때 **즉시** 표시를 해야 합니다.
조금이라도 지체하게 된다면
생각을 떠올리는데 더 많은 시간이 소요되고,
점차 궁금증은 사라지게 됩니다.

시간은 모두에게 동일하게 주어져 있습니다.
이 시간을 얼마나 효율적으로 활용하느냐에 따라
여러분 미래의 모습이 달라질 것입니다.
부지런해야 할 수 있는 일이지만 이 습관을 들인다면
남들보다 훨씬 더 쉽게 문제들을 해결해 나갈 수 있습니다.

포스트잇으로 바로 표시하는 습관, 한번 시도해보세요!

가장 효과적인 공부법은?
백지복습의 중요성

선생님은 고2 시절까지만 해도 공부를 열심히 하는 편은 아니었습니다. 남들 다니는 학원도 다니지 않았고 시간이 있으면 친구들과 PC방에 가곤 했으니까요.
시험기간에만 독서실에서 바짝 공부하는 평범한 학생이었습니다.

그런데 이상하게도 모의고사를 보면 항상 수학과 과학에서 1등급을 받았습니다. 매일 새벽같이 학원에 다니던 친구들에 비해 공부하는 양은 현저히 부족했지만 성적이 잘 나오는 이유가 궁금했죠.

지금 돌이켜보면 선생님이 똑똑해서가 아니라 선생님의 친구들 덕분이었다고 생각해요.
함께 어울렸던 친구들이 하필이면 수학과 과학을 유독 잘 못하고 어려워했습니다. 어쩌다 보니 그 친구들은 저에게 수학과 과학에 대해 질문을 하기 시작했고, 오지랖이 넓었던 저는 질문뿐만 아니라 그와 관련해서 알아두어야 할 내용까지 정리해주곤 했죠.

혼자 공부하는 시간보다 친구들에게 알려주는 시간이 더 많아졌지만, 누군가에게 전체 개념을 설명하기 시작하면서
그 모든 내용들이 머릿속에서 정리가 되고
설명이 안되는 부분은 스스로 더 궁금해져
저절로 공부를 하게 되는 습관이 생겼습니다.
이러한 경험 덕분에 저는 논술까지 어렵지 않게 붙어 원하는 학교에 들어갈 수 있었죠.

사실 누군가를 가르쳐 줄 수 있다는 것은 축복인 것 같습니다.
다른 사람들 앞에서 말할 기회를 가졌다는 것 말이죠.
만약 친구들이 여러분에게 질문을 한다면,
그 친구들을 고맙게 생각해야 합니다.
그것은 여러분의 공부 시간을 빼앗는 것이 아니라,
배운 것을 더 살아있게 만들어 줄 것이기 때문이죠.

친구들끼리 자연스럽게 질문을 주고받으면 좋겠지만,
그런 상황을 자주 만들기 어려울 수도 있습니다.
그 대안으로 할 수 있는 것이 바로 **백지복습**입니다.
아무런 힌트 없이 머릿속에 있는 것들만으로 백지에 적어보는 것이죠.
수업이 끝난 후 5분 동안만이라도 방금 배웠던 것을
백지를 펴놓고 도형과 글로 정리해보세요.
물론 모든 수업 내용이 기억에 남진 않겠지만

'아. 이건 아까 배운 내용이었는데' 정도의 생각이 떠오른다면 충분합니다. 그 타이밍에 수업시간에 했던 필기를 잠깐 살펴본다면 그 내용이 훨씬 오래 남게 되는 것이죠.

얼마나 많은 내용들을 머릿속에 기억하고 있는가도 중요하겠지만, 그것을 실전에서 떠올리고 적절히 활용하느냐가 훨씬 더 중요할 때가 찾아올 것입니다.

그 순간 백지복습을 통한 발상 연습은 큰 힘이 되어 줄 것입니다.

고속도로 교통정체의 원인은?

고속도로에는 신호등이 없습니다.
그런데도 불구하고 도로가 꽉 막힐 때가 많죠.
왜 아무런 방해물이 없는데 차량 정체가 생기는 걸까요?

선생님이 어릴 때 명절마다 막히는 고속도로를 보며, 궁금해 했던 질문이었죠.

팬텀 트래픽 잼(Phantom Traffic Jam)이라고도 불리는 이 현상이 일어나는 가장 큰 이
유는 '통행량'입니다.
차량의 통행량이 많아져 차량 간의 간격이 얼마 없을 때
앞차가 브레이크를 살짝이라도 밟으면
그 약간의 정지가 누적이 되어 뒤쪽으로 갈수록 막대한 정체현상을 일으키게 되죠.

반면에 차량 통행량이 적어 여유를 가질만한 공간이 있다면
이 브레이크의 누적 현상은 거의 발생하지 않게 됩니다.

여러분들의 하루하루도 마찬가지입니다.
공부량이 지나치게 빽빽하게 많다면 여러분 머릿속에도 팬텀 잼이 일어납니다.
적당한 공부량으로 매일매일 꾸준히 하는 것이
막히지 않고 좋은 성과를 낼 수 있는 지름길 아닐까요?

빠짐없고 중복 없이 공부하는 방법

맥주 마니아들의 사이에서는 맥주 지도라는 것을 하나씩 구비하고 있는 경우가 많습니다.

이 지도가 있으면 세계 맥주의 종류가 한눈에 들어오고, 스티커를 붙여가며 유명 맥주들을 하나씩 정복해가는 쾌감마저 들게 하기 때문이죠.

전 세계 맥주의 종류를 한눈에 볼 수 있는 Beer Map

다른 분야이지만 여러분도 공부한 단원들을 하나씩 클리어하는 기분을 느꼈으면 좋겠다는 생각을 했어요.

그래서 여러분들이 활용할 수 있는 수학 지도를 만들어 보았습니다. 수학 지도를 보면서 공부를 한다면 목표가 선명해지고 정확한 방향을 체크해가며 공부할 수 있기 때문에 기존의 깜깜이 학습보다 훨씬 더 좋은 효과를 얻을 수 있습니다.

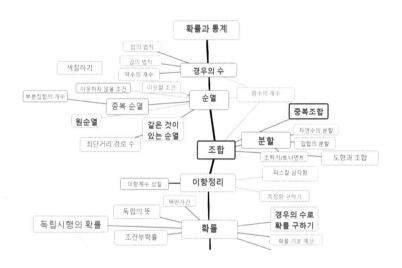

수학 지도 (샘토링 홈페이지(samtoring.com)에서 PDF로 다운로드 받을 수 있습니다)

수학 공부는 단원별 순서도 중요하지만 그 연관성을 이해하는 것 역시 중요합니다.

수학이 너무 어렵고 힘든 학생들은 이 수학 지도에서 초록색 단원부터 파란색 단원으로 공부해보세요.

자주 틀리는 단원, 자신감 없는 단원이 나온다면 해당 부분, 혹은 연관된 부분의 기본서를 보며 공부한 후 이렇게 기록을 해보세요. 단원 옆에 5칸짜리 네모(□□□□□)를 그려놓고, 자신감이 붙을 때마다 연필로 채워 나가세요. 자신감이 떨어지면 한 칸씩 지워갑니다.

이 수학 지도를 보고 각 단원들의 연관성 있는 공부를 해나간다면 보다 더 효율적으로 공부를 할 수 있을 겁니다!

자기소개서 제대로 쓰는 방법

모 대학 입학사정관을 만나 대입에 관한 이야기를 나눌 기회가 있었습니다. 특히 학생들이 자기소개서를 쓰는 방법에 대해 자세한 이야기를 들을 수 있었죠.

학생들이 대학 입시를 위해 써내는 자기소개서는
여러분들이 어떤 학교의 어떤 과를 가고 싶어 하는지,
그 이유와 동기는 무엇인지,
그것을 이루고자 어떤 노력을 해왔는지,
그리고 얻게 된 변화와 결과는 무엇이었는지를
중점적으로 본다고 합니다.

물론 자소서 쓰는 일이 버거워서 누군가에게 맡길 수도 있습니다.
그렇지만 꿈의 경우의 수는 너무나 많고
몇 가지 간단한 패턴으로 정의되지 않을 것입니다.
아무리 전문가라 하더라도 그 사람이 여러분의 노력과 꿈을 보다
잘 표현할 수 있을까요?

그리고 그 진실성이 입학사정관에게 제대로 전달될 수 있을까요?

멋진 인생이란 실패에서 얻은 교훈으로 더 강하고 지혜로운 사람이 되는 과정입니다.

실패를 두려워하면 안 된다는 것은 여러 사람들로부터 들어서 잘 알고 있겠죠.

최선을 다해서 대학을 간 학생과
편법에 기대어 유명 대학에 들어간 학생,
결과적으로 누가 더 인정받을까요?
아니, 행복하고 떳떳할까요?

입시는 공정할 수도 있고 비겁할 수도 있습니다.
그렇지만 비겁으로 살아온 인생의 말로는 상당히 불행합니다.
화려한 학벌은 사람들을 현혹시키기에 좋은 무기가 될 수 있지만,
진실과 철학이 없다면 언젠가는 들통이 나기 마련입니다.

입시 공부 역시 학벌 획득이 아니라 진실한 사회인이 되는 과정으로 생각하고 자신의 꿈을 떠올리며 힘차고 성실하게 도약해 보길 바랍니다.

지하철을 24시간 운행한다면?

서울시가 지하철을 뉴욕과 런던처럼 매일 24시간 동안
운행한다면 어떤 효과가 있으며, 어떤 단체들의 반발이
예상될까요?

심야까지 밖에 있다가 늦게 귀가하는 사람들이 더욱 많아지고, 그 시간대를 노린 범죄자 집단도 늘어나지 않을까, 그래서 가로등과 CCTV도 더욱 늘어날 것 같음.

1. 직장인들의 지각 증가 2. 전기 사용량 증가 3.전국 노숙인들 증가 4. 지하철 서비스 질 하락 5. 사고 발생률 증가 6. 광란의 금요일이 심해짐 7. 택시 파업 -> 버스 이용 증가 -> 버스 노동자 부족 -> 버스 파업 8. 한전 부채 상승 9. 일자리 창출 10. 지하철 범죄 증가 11. 위암 발생률 증가 12. 술 판매량 증가 13. 24시간 술집 증가 14. 숙박업소가 줄어듦 15. 야근 증가 16. 과로사 증가 17. 유흥가 발달 18. 층간 소음 심화 19. 청소년 범죄율 증가

서울에 숙박업소들의 반발, 그리고 야근이 늘어날 것 같은데요...

근무 시간이 늘어나게 되면서 추가 고용이 필요할 테니 일자리 창출에 도움이 되지 않을까

한국철도공사의 지하철은 지금도 적자 상태인데, 24시간 운행하면 적자가 급증할 듯

택시단체 : 12시 이후에는 할증 붙어서 요금 더 받고 있는데, 지하철로 인해 수익 감소
경찰 업무 증가 : 막차 걱정 없이 밤늦게까지 술 마시는 현상 증가, 새벽 길거리에 널브러진 사람들과 술로 인한 각종 사고들 증가
편의점 알바의 고충 : 새벽에 술 마신 진상 손님들 증가
부모들의 걱정 : 젊은 자녀들이 나가서 새벽까지 안 들어옴

저렴하고 안전한 지하철을 이용하면 새벽 술집들이 장사가 잘될 것 같다.

지하철도 주변의 거주민들이 소음문제를 제기할 듯, 전력 부족도 우려된다.

1. 택시 업계 반발 2. 환경 단체 반발 (전기사용량이 늘어나니까)
3. 한국전력의 투자자들 (같은 이유) 4.지하철 청소업체

24시간 동안 오픈하는 가게가 늘어남
택시 업계의 반발: 보통 지하철 운행시간이 끊기면 택시를 탈 수 밖에 없다. 이 시간대 택시비는 야간 할증이 붙기 때문에 택시운전기사들에게 야간 손님들이 좀 더 득이 된다.
 지하철이 24시간 운행하게 되면 사람들이 야간에 밖에 나가서 외식을 먹는 경우가 많아질 것이다.

※선생님의 생각

택시, 대리운전, 지하철노조의 반발 / 야간 교통비 인하 / 물류업계(동대문 도매/신문배달/지하철 택배) 환영, 주류 업소 환영 , 다수 국민 (여성/교통 소외자) 환영

5장. 수학, 포기하고 싶어요. 어떡하죠?

용기 메시지

닻 편향 이론

닻 편향 이론을 아시나요?

닻, 즉 앵커(Anchor)는 배를 정박시키기 위해 내리는 무거운 갈고리를 뜻합니다.

뉴스에서도 보도의 중심을 잡는 역할을 한다는 의미로 뉴스를 진행하는 사람을 가리켜 앵커라는 표현을 사용하죠.

무거운 앵커를 내리면 배가 그 주변에서 고정되기 때문에 바다 멀리 벗어나지 않겠죠?

심리학에서도 사람의 마음에 초기 조건을 심어 놓음으로써 생각이 그 주변을 맴도는 현상을 닻 편향(Anchor Bias)이라고 부릅니다.

예를 들어보죠.

여러분의 눈앞에 사고 싶은 물건이 있습니다.

A점원은 이렇게 이야기합니다.

원래는 3만 원이었는데, 지금은 값이 올라서 4만 원입니다.

B점원은 이렇게 이야기합니다.

원래는 5만 원이었는데, 지금은 값이 내려서 4만 원입니다.

A점원은 고객에게 앵커를 3만 원에 내렸고, B점원은 5만 원에 내렸습니다. 똑같은 4만 원짜리 물건이라도 A점원의 이야기를 듣고 난 후에는 왠지 비싸 보이고 B점원 이야기를 듣고 난 후에는 저렴해 보이는 것이죠.

실제로 여러분뿐만 아니라 많은 사람들이 A점원보다는 B점원에게 지갑을 열게 될 것입니다.

또 다른 예를 들어보죠.

수 천만 원대의 거래를 자주 하는 회사 대표들은 1~2만 원의 할인 상품에 크게 관심을 두지 않죠.

그런데 용돈을 아껴야 하는 고시생은 마트에서 하는 세일은 무척 반가울 겁니다. 오히려 수 천만 원, 수 억 원대의 숫자에 익숙하지 않아 뉴스를 봐도 그 액수가 현실적으로 다가오지 않을 수 있겠죠.

각자가 가진 기준인 앵커에 따라서 익숙한 숫자의 영역이 달라집니다.

공부에 대한 마음가짐도 마찬가지입니다.

여기 여러분이 안 풀리는 문제가 있습니다.

A학생은 이렇게 생각합니다.

"아.. 내가 안 배운 부분인가 보다. 난 이건 못 풀겠다."

B학생은 이렇게 생각합니다.

"원래 내가 알던 문제인데 지금은 생각이 안 나는 걸 거야"

A학생은 문제를 포기하는 반면

B학생은 정수를 쓰든 꼼수를 쓰든 어떻게든 문제를 풀어나가죠.

사람은 무의식 속 깊이 내려진 마음의 닻 주변부터 생각하기 마련입니다.

여러분은 모르는 문제를 접하면

어떤 마음의 앵커를 내릴 건가요?

생각보다 작은 스튜디오

얼마 전에 유희열의 스케치북을 방청하러 갔습니다.
TV로만 즐겨 보던 음악방송을 직접 눈앞에서 본다고 하니 많이
설레었죠.
그런데 막상 도착해보니 스튜디오는 생각보다 작았습니다.
방송에서 볼 때처럼 그렇게 웃기지도, 화려하지도 않았습니다.
심지어 재촬영이 반복돼서 나중에는 가만히 앉아있는데도 힘이
들었죠. 그 촬영 시간 3시간을 앉아서 보내는데 정말 피곤하더라
고요.

화려해 보이던 방송은 촬영 현장에서는 그렇게 대단해 보이지
않았고 출연한 연예인들도 앞에서 보니
그냥 아는 사람 혹은 친구 같은 느낌이 들었습니다.

TV 화면에서는 대단하게만 보였던 것들이
생각보다 특별하거나 화려한 것이 아니었고
보통 사람들이 만들어 가고 있었죠.

여러분들에게 입시가 TV 속의 영상처럼 대단해 보이고 두렵게
느껴지나요?
아닙니다. 여러분들도 다 할 수 있는 것들입니다.

지금은 너무나 큰 산을 눈앞에 둔 것 같겠지만
막상 지나고 보면 대단할 것 없는 산이라는 것을 알게 될 것입니다.
용기와 자신감을 가지고 일단 한 걸음씩 내디뎌 보세요!

출근길, 탑승객이 가장 많은 열차 칸에 타는 이유

선생님은 직장 다닐 때 왕십리에서 중앙선을 타고 용산까지 이동했습니다. 출근시간이면 어김없이 열차 안은 많은 사람들로 붐볐어요. 그런데 선생님은 오히려 편하게 가기 위해 가장 사람이 많이 타는 열차 칸에 올라타곤 했습니다. 왜 그랬을까요?

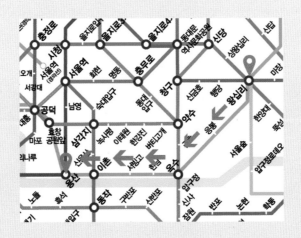

※ 선생님의 생각

그 열차 칸이 붐볐던 이유는 옥수역의 환승게이트와 가장 가깝기 때문이었어요.
오히려 왕십리에서 가장 붐비는 칸이 두정거장을 지나면 가장 많이 내리는 칸이 됐죠.
내리는 순간 앉을 자리가 다른 어느 칸보다도 많이 생겼습니다.
그래서 가장 붐비는 칸에 올라타면 옥수역 이후부터는 편하게 갈 수가 있었죠.
어떤 현상에 대해 조금 더 생각해보면, 남들이 보지 못하는 모습들을 많이 발견할 수 있
습니다.

내가 지금 제대로 가고 있는 걸까?

선생님은 서핑을 좋아합니다.
잘하지는 못하지만 휴가가 주어지면
종종 바다로 나가서 하루 종일 보드를 즐기곤 하죠.
서핑 용어 중에는 '패들링'이라는 것이 있어요.
보드 위에 엎드려 두 팔을 저어가며 앞으로 나아가는 것이죠.
서핑보드에는 노가 따로 없으니 두 팔을 부지런히
저어주어야 원하는 방향으로 나아갈 수 있습니다.
또 파도가 밀려올 때도 패들링으로 속도를 내주어야
파도 위에 올라서는 것이 가능합니다.

패들링은 서퍼들에게 가장 기본이 되는 중요한 요소죠.
그래서 서퍼들은 파도가 없는 바다에서도 패들링 연습을 자주 합
니다.

패들링 연습은 정말 고된 과정입니다.

저에게도 예외는 아니었죠.

바다 한가운데서 열심히 두 팔을 휘젓긴 했지만

앞으로 나아가는 느낌이 전혀 들지 않았습니다.

다른 서퍼들은 빠른 속도로 나아가는 것처럼 보이는데,

저는 아무리 저어도 계속 제자리인 것만 같았죠.

나는 소질이 없나? 이걸 포기해야 하나라는 자괴감이 들 때 쯤

동료에게서 이런 말을 들었습니다.

"네가 하는 패들링 꽤나 빠르던데"

스스로 속도가 거의 안 난다고 생각했지만

다른 사람이 보기에는 이미 빨리 움직이고 있었던 것이죠.

주변 풍경이 그대로여서 정작 저만 느끼지 못했던 것이었습니다.

여러분도 지금 하고 있는 노력이 바로 성과로 나타나지 않아서

포기를 해야 하나 고민하고 있을 수 있습니다.

하지만 잊지 마세요.

부지런히 노력을 하고 있다면,

여러분은 분명 앞으로 나아가고 있는 겁니다.

단지 본인이 체감하지 못할 뿐이죠.

기다림은 벚꽃처럼

4월 11일은 선생님이 군대에 입대한 날입니다.

그날을 기억하는 이유는 벚꽃이 정말 아름답게 핀 날이었기 때문이죠. 그리고 부대 안에서 힘이 들 때마다 이런 생각을 하며 보냈습니다.

"벚꽃이 두 번 더 피면 집에 간다!"

2주 동안의 화려한 꽃을 피우기 위해 벚꽃은 11개월 2주를 기다립니다. 선생님의 군 생활도 이와 비슷했던 것 같아요.

전역이라는 기쁨을 위해 기다리는 과정은 참으로 오래 지속되었죠.

재수할 때도 비슷했습니다.

한 치 앞도 보이지 않는 깜깜한 밤을

홀로 걷는 기분이었죠.

그 벚꽃을 피워내는 심정으로 11개월 2주를 버텨내니

내 생에 가장 화려한 벚꽃 같은 2주가 펼쳐졌습니다. 원하던 대학,

원하던 학과에 4년 전액 장학생으로 입학을 하게 된 것이죠.

벚꽃이 피는 시간은 대기업을 다닐 때도 찾아왔습니다.

한 달에 4~5번 정도만 집에 갈 수 있는 살벌한(?) 근무 환경 속에서

"내가 이러려고 회사 들어왔나?" 인고의 1년을 보내고

그 다음 해 연말에는 최우수 사원상이 기다리고 있었어요.

스타트업 기업을 다닐 때도 마찬가지였습니다.

당시 매출이 잘 나오는 회사의 사이트 리뉴얼 전문가로 일하고 있었죠.

사이트 리뉴얼은 정말 위험한 작업이었습니다.

기존 시스템의 검색 순위를 낮춰 매출에 직접적인 타격을 입힐 수도 있는 일이었죠.

혹시라도 내가 맡은 리뉴얼로 인해 검색 순위가 낮아져 매출에 영향을 끼치지 않을까?

내가 만든 결제 모듈에서 에러가 나진 않을까?

걱정이 큰 만큼 수많은 테스트 케이스를 만들고

생각해 낼 수 있는 모든 가능성을 테스트해보았습니다.

그렇게 1년의 치열함을 견디고 나니

전년 대비 매출 9배라는 어마어마한 성과를 거둘 수 있었죠.

성과는 달콤하고 뿌듯했습니다.

여러분에게도 분명 꽃을 활짝 피우게 되는 시점이 찾아올 것입니다. 그렇지만 꽃이 피는 시간은 그리 오래 지속되지 않습니다.

이후에도 긴장의 끈을 놓지 말아야 할 이유인 것이죠.

여러분보다 그리 많은 세월을 살지는 않았지만
이것 하나만은 말할 수 있을 것 같아요.
기다림의 시간 끝에 열매가 맺힌다는 것.

그리고 그 기다림이 간절한 만큼
성과는 더 달콤하게 다가온다는 것.

우산을 팝니다

선생님이 전역을 하고 복학까지 시간이 남아 어느 한 피트니스 클럽에서 발레파킹 아르바이트를 할 때의 일이었습니다.

새벽 출근이었지만 퇴근시간도 오후 3시로 적당했고, 시급도 괜찮은 편이었죠. 그런데 곧 장마철이 되자 날씨가 들쑥날쑥하더군요. 지하철을 탈 때는 하늘이 맑았는데, 역을 나오면 비가 쏟아져 우산이 없이는 꼼짝 할 수가 없는 날이 많았습니다.

문득 우산을 팔아보면 어떨까 하는 생각에 도매가로 알아보니 개당 2000원 정도였습니다. 지하철역 앞에서 1시간 동안 4000원에 우산 두 개만 판다면 당시의 시급 정도는 벌 수 있겠다 싶었습니다.

그날 즉시 우산 30개를 구입해서 사람이 많이 오가는 지하철역으로 매번 출퇴근을 했습니다.

하지만 사람들 앞에서 "우산 사세요~!"라는 말이 떨어지지가 않는 것이었습니다.

제 자신이 하도 답답해서 이번에는 정말 눈 질끈 감고 한번 해보자며 암사역에서 모란역까지 지하철 칸 한가운데 서있기도 했지만 입도 뻥긋 못하고 결국 그대로 돌아온 적도 있었습니다.

아... 내가 산 이 우산들을 어떻게 처분해야 하나 고민만 커갔죠.
말이 안 나오면 글로라도 써서 홍보해보자는 생각에
종이 박스 위에 '우산 4000원'이라고 큼지막하게 써놓고
소나기가 오는 날이면 지하철역 앞에 펼쳐 놓았습니다.
그렇게 해도 사람들은 우산에 관심이 없었고
그냥 비를 맞고 집에 갈 뿐이었습니다.

결국 우산을 하나도 못 팔고 터덜터덜 집으로 돌아오던 그때,
선생님 눈앞에 보인 것은 영화 극장이었습니다.
여러 커플들이 영화를 보고 나오는데,
비가 쏟아져서 발만 동동 구르고 있던 그 모습들이 보였죠.
혹시나 하는 생각에 그 자리에서 우산을 펼쳐 보았고
여자친구를 씌워주고 싶은 남성들 덕분에
1시간 만에 우산을 전부 팔 수 있었습니다.
비록 많지 않은 마진이었지만, 당장은 인정받지 못한다 해도
나중에도 인정받지 못하는 것은 아니라는 교훈을 얻었죠.

"누군가는 이 우산이 필요할 거야."
라는 나에 대한 확신이 있으면 됩니다.
그리고 그 확신을 현실로 만들기 위한 노력이 있으면 됩니다.

미움받을 용기
인정할 수 없다면 도전하라

한때 '미움받을 용기'라는 책이 상당히 인기를 끌었던 적이 있습니다. 타인에게 착한 사람으로 남기만을 바라면서 내면에는 자존감에 상처를 받고 있는 많은 청춘들의 마음을 움직였죠.

지금도 그럴 수 있겠지만 앞으로도 여러분들은 사람들에게 수많은 평가를 받게 됩니다.
남들에게 좋은 평가를 받기 위해서 노력을 하겠지만
어쩔 수 없이 기대에 못 미치는 평가를 받을 수도 있습니다.
남들에게 인정받고자 하는 것이 사람의 본성이라
좋지 않은 평가는 자존감을 떨어뜨리고 우울하게 만들기도 하죠.

그런데 세상을 살다 보면 모든 것이 완벽한 사람은 없어요.
누구나 어느 부분에서는 좋지 않은 평가를 받을 수 있고,
또 어느 부분에서는 좋은 평가를 받을 수 있죠.
이런 평가에 너무 무게를 두다 보면
본인의 색깔을 잃어버릴 수 있어요.

여러분이 자기소개서를 쓸 때나
시험을 보고 성적을 받을 때
사람들은 여러분을 평가합니다.
"넌 이래서 안 돼"
"넌 그것 때문에 안 돼"

그렇다면 평가자는 항상 절대적일까요?
평가란 다수의 사람들에게 상대적으로 설득력 있는 지표를 의미할
뿐 여러분 마음속에 있는 생각들까지 평가하진 못합니다.

평가가 형편없고 평가자가 잘못된 것 같다면
과감하게 '미움받을 용기'를 내 보세요.
나를 가장 잘 평가할 수 있는 사람은 바로 나 자신입니다.

40년 동안 이어진 하버드대학의 행복 실험

"러닝머신에서 당신 체력의 한계를 측정해 보세요."
하버드대학교에서 고등학생들을 대상으로 흥미로운 실험을 진행했습니다. 학생들은 실험의 목적을 모른 채 러닝머신을 뛰었고, 연구팀은 이 실험에 참가한 학생들을 무려 40년 동안이나 추적 관찰하며 앞으로 어떤 삶을 살아가는지 분석했죠.

실험자들은 나름의 공식으로 성공의 지수를 산출하고, 학생들의 인생에서 어떤 변수가 성공에 가장 큰 영향을 미치는지 여러 변수들의 상관관계를 알아내고자 했습니다.

지능지수, 부, 성적, 대인관계 등
이 모든 것보다 상관성이 높았던 변수는 바로 **GRIT** 지수였습니다.

GRIT 지수란 러닝머신을 뛰면서 체력의 한계를 느꼈음에도 얼마나 더 뛰었는가를 나타내는 지수입니다.
한계를 극복하고 조금이라도 더 노력하고자 하는 기개를 수치화한 것이죠.

머리가 똑똑하지 않아도

돈이 많지 않아도

좋은 대학을 나오지 못해도

넓은 인간관계를 갖지 않아도

끝까지 포기하지 않는 기개(GRIT)가 있다면

좀 더 성공한 삶을 살 수 있다는 결론을 내렸습니다.

여러분은 이 연구의 결과가 타당하다고 생각하나요?

아니면 억지스러운 면이 있다고 생각하나요?

일단 선생님은 타당하다에 한 표를 보내고 싶습니다.

선생님도 지금까지 살아오면서

너무나도 많은 기개의 성공 사례를 보아왔으니까요.

9:1의 법칙

선생님이 대학교 입학을 위한 심층 면접을 볼 때의 일이었어요.
10분 동안 혼자서 문제를 푼 후 교수님 앞에서 설명을 해야 했죠.
그때 받아본 문제는 정말 말도 안 될 정도로 어려운 문제였어요.
"고등학생이 이걸 어떻게 풀어"라는 말이 저절로 나올 정도였죠.
출제자가 앞에 있었다면 "당신이 한번 풀어보세요!"라며 따지고
싶을 만큼 어려운 문제로 느껴졌습니다.

9분 동안 정말 삽질(?)만 했습니다.
그래도 그 시간 동안 속으로 이렇게 되새겼습니다.

"생각이 날 거다, 기필코 생각이 날 거다. 나는 할 수 있다."
가능해 보이는 모든 방법을 다 동원해 보았습니다.
그리고 문제의 해답 논리는 불과 30초를 남긴 시점에서 생각이 났
죠. 검산할 시간도 없었지만 이미 검산을 마친 것처럼 교수 앞에
서 당당하게 설명을 했습니다.
그렇게 선생님은 마지막 30초 덕분에 4년 전액 장학생으로 입학
할 수 있었습니다.

사람들은 이런 상황을 빗대어 9:1의 법칙이라고 부릅니다.
회의나 협상에서 9할의 시간은 의미 없는 내용으로 가득하고
마지막 1할의 시간에서 중요 사항들이 대부분 결정된다는 것이죠.
전혀 성과가 없어 보이는 브레인스토밍으로 떠올렸던 배경지식이
마지막 1의 시간에서 정리되었던 경험이 한 번쯤 있었을 겁니다.

9:1의 법칙을 여러분의 입장에서 생각해 본다면 시험공부도
9는 배경지식이며 나머지 1의 시간에서 많은 것들이 결정되겠죠.

지금 남은 시간, 얼마나 중요한지 아시겠죠?
끝까지 포기하지 마세요.

CEO와 Founder의 차이

회사를 세운 창업자를 Founder 혹은 CEO라고 하기도
하죠. 그런데 Founder와 CEO에 담긴 의미에는 엄청난
차이가 있습니다. 어떤 것이 있을까요?

Founder는 에디슨이나 라이트 형제처럼 전에는 없었던 것을 만들어 내는 사람입니다.
CEO는 그것을 잘 유지하고 관리 사람이죠. 스타트업 기업을 운영하는 사람들은
Founder와 CEO 두 가지 명함을 가지고 다니는 경우가 많습니다.
하청업체를 선정하는 것과 같이 의사결정권자임이 드러낼 필요가 있을 때는 CEO 명함
을, 투자를 받는 상황처럼 협력이 필요가 있을 때는 Founder 명함을 사용합니다.
자금을 줄 때는 CEO, 자금을 요청할 때는 Founder.
때로는 용어 하나의 선택이 큰 차이를 만들기도 합니다.

현명한 이스라엘 아내 이야기

이스라엘에 현명한 아내가 있었습니다.

하루는 남편이 너무 걱정스러운 표정을 보이기에 아내가 무슨 일이 있는지 물어보았죠.

"옆집 남자에게 빌린 돈을 내일까지 갚기로 했는데, 돈이 없어."

그 걱정으로 밥도 못 먹고 있는 남편에게 아내는 이렇게 이야기했습니다.

"걱정하지 말아요. 내가 그 걱정을 해결해 줄 테니."

아내는 곧장 옆집으로 가서 문을 열고 이렇게 말했습니다.

"죄송합니다. 우리 남편이 돈을 모으고는 있는데 내일까지는 돈을 못 갚겠다고 하네요. 알고 계셔야 될 것 같아서요."

그 순간부터 걱정은 옆집 아저씨한테로 넘어갔죠.

어쩌면 우리는 상대방에게 충분히 협의를 구할 수 있는 것들을 홀로 떠안고 있는 건지도 모르겠습니다.

성적이 오르지 않아서, 혹은 친구들만 성적이 오르는 것처럼 보여서 고민인가요?

모든 고민을 혼자 떠안으려고 하지 마세요.

사실 성적이 오르지 않는 것은 여러분이 아니라 선생님이 해야 하는 고민입니다.

여러분은 믿을만한 선생님의 지도하에 어떻게 하면 숙제를 밀리지 않고 매일 수업을 잘 따라갈 수 있을까를 생각하면 되는 것이죠.

꿀벌이 멸종하면 지구가 멸망한다?

일부 생태학자들의 주장에 따르면 꿀벌이 멸종되면 지구가 멸망할 수 있다고 합니다. 그 이유를 아시나요?

꿀벌은 꽃가루를 날라서 다른 곳에 퍼뜨리는 역할을 합니다. 그렇게 맺히는 열매들을 초식동물이 먹으며 살아가게 되죠. 그렇게 성장한 초식동물을 육식동물이 먹으며 살아갑니다. 꿀만 생산하는 줄 알았던 꿀벌이 지구의 생태계에서 엄청나게 중요한 역할을 하고 있는 것이죠.

그래서 꿀벌이 사라지면 지구 생태계가 완전히 무너진다는 주장이 나오게 되었습니다. 이는 상당히 설득력 있는 가설이며 과학적으로도 일부분 증명이 되었습니다.

그런데 우려스럽게도 꿀벌의 개체 수가 매년 감소되는 추세가 뚜렷해지고 있다고 합니다. 선생님은 어린 시절에 이 이야기를 듣고 혹시 지구가 멸망하면 어떡하나 심각하게 걱정을 했죠.

그리고 얼마 전 뉴스에서 이런 소식이 전해졌습니다.

꿀벌의 역할을 대신하는 로봇 꿀벌

"꿀벌의 역할을 대신할 로봇 꿀벌 개발 중"

꿀벌이 하던 꽃가루를 나르는 역할을 대신할 드론이 제작되고 있다고 합니다. 선생님이 어릴 적 가졌던 지구 멸망에 대한 두려움은 어찌 보면 너무 극단적인 시선이었죠.

어떤 영화의 슬로건처럼 인류는 어떻게든 답을 찾아내더라고요.

위기인 것처럼 보이는 미래를 막연히 불안해하기보다
어떻게든 답을 찾아냈던 인류의 역사처럼
여러분들 또한 답을 찾아낼 수 있습니다.

해결하기 어려운 사회 문제일 수도 있고
지금 여러분 눈앞에 있는 수학 문제 일 수도 있죠.

그리고 어떻게든 미지의 답을 찾아가는 그 과정은
생각보다 흥미롭습니다.

멀리 보아야 넘어지지 않는다

여러분은 스케이트보드, 서핑보드, 웨이크보드를 타본 적이 있나요? 보드를 타본 친구들이라면 아는 사실이 있죠.

"발끝만 쳐다보다가는 넘어진다"
보드를 타는 운동을 할 때는 결코 발끝을 쳐다보면 안 됩니다.
바로 꼬꾸라지거든요.
그럼 어디를 봐야 할까요.

바로 '내가 가고 싶은 방향'입니다.
나아갈 방향의 시선을 정하면 몸이 따라 움직이게 되고,
자연스럽게 원하는 방향으로 가게 되죠.

여러분들이 목표를 향해가는 지금 이 과정에는
쉽지 않은 시간들이 많을 겁니다.

그래도 항상 자신이 염두에 둔 목표를 기억하면서
균형을 잡아야 합니다.

하루하루 작은 실패도 있겠지만,
그것들에 크게 일희일비하다가는
처음 생각했던 큰 방향을 놓칠 수가 있어요.
작은 것들에 너무 많은 기대를 하거나
실망을 하면 쉽게 지치게 됩니다.

수능이라는 큰 시험을 앞두고 보는 작은 모의시험들,
이런 것에 너무 큰 기대와 실망감을 갖게 되면
고꾸라질 수 있는 것이죠.

작은 실패에 연연하지 마세요.
진짜 원하는 것이 무엇인지 생각하고
지금의 작은 성공과 실패들이 결코 전부가 아니라는 것을 안다면
여러분은 지치지 않고 원하는 방향으로 갈 수 있을 겁니다.

응원합니다.
좀 더 멀리 가고 싶은 방향을 바라보세요.

말하는 대로, 맘먹은 대로

유재석과 이적이 부른 노래가 있죠. '말하는 대로'
가사는 대략 이렇습니다.

마음먹은 대로 생각한 대로
말하는 대로 될 수 있단 걸
알지 못했지 그 땐 몰랐지
이젠 올 수도 없고 갈 수도 없는
힘들었던 나의 시절 나의 20대
멈추지 말고 쓰러지지 말고
앞만 보고 달려 너의 길을 가
주변에서 하는 수많은 이야기
그러나 정말 들어야 하는 건
내 마음속 작은 이야기
지금 바로 내 마음속에서 말하는 대로

여러분이 어떤 길을 가던지 그곳에는 수많은 역풍이 불 겁니다.
수시 시즌에 자소서 첨삭을 받는다면 이런 말들을 들을 수도 있겠죠.

"이게 아니다. 형편없네. 다시 써라."
그 말이 스스로 인정이 된다면 겸허히 받아들이고
그게 아니라는 확신이 있다면 증명해 보이세요.
첨삭이 아니라도 할 수 있다는 것을!

역풍을 등지면 순풍이 됩니다.
대학 입시를 한정된 자리싸움이라 생각하지 말고
자신감을 갖고 바라고 꿈꿔보세요.

원하는 모든 것들이 쉽게 이루어지지는 않겠지만,
생각하지도, 바라지도 않는다면 절대로 이루어지지 않습니다.
꿈의 절박함에 비례해서
여러분의 목표는 높은 확률로 이루어지게 될 겁니다.

엉뚱한 질문

카니발라이제이션

카니발라이제이션(Cannibalization)이라는 단어를 들어 보셨나요? 무슨 의미일까요?

키니빌이란 난어를 보고 축제를 떠올릴 수도 있지만,
축제의 의미를 지닌 카니발(Carnival)과는 철자가 조금 다릅니다.

Cannibal은 다소 무서운 뜻을 가지고 있습니다.
인육을 먹는 사람이라는 의미가 있죠.
그런데 이 무시무시한 단어가 경영학에서는 자주 사용되곤 합니다.

기업의 규모가 커질수록 회사 내부에는 각종 부서와 사업 분야가 늘어나게 되는데,
이 과정에서 부서 간의 이익이 상충돼 악영향을 주는 현상이 발생하기도 합니다.
아이폰이 개발되면서 아이팟의 매출이 급격히 감소했던 현상을 예로 들 수 있죠.
자기잠식효과라고도 합니다.

멋진 음악과 손발이 오그라드는 음악은 종이 한 장 차이

힙합은 우리에게 에너지를 주는 멋진 음악이죠.
선생님도 힙합을 좋아합니다.
그런데 가끔 힙합 음악에서 나오는 랩을 들으면 정말 유치하다 싶을
정도의 가사들이 있어요.

그 노래를 혼자서 들을 때면 손발이 오그라드는 것 같은데,
콘서트 현장에서 들을 때는 정말 멋져 보이는 경우가 많지요.
같은 노래라도 어떤 환경에 놓여있느냐에 따라서 전혀 다른 느낌을
받게 됩니다.

아무리 훌륭한 바이올리니스트라도
그것을 알아보지 못하는 곳에서 연주를 한다면
지나가는 행인에게는 단지 소음에 불과할 수 있습니다.

하지만 그 가치를 아는 사람들이 모인
오케스트라 홀에서 연주를 한다면
모두가 일어서서 기립박수를 해주겠죠.

마찬가지로 여러분이 하는 이 노력과 재능과 꿈이 제대로 된 무대를
만나지 못한다면 그 감동을 제대로 전달하지 못할 수도 있어요.

그렇다면 여러분들의 노래가 잘못된 것일까요?
아니면 그 무대가 잘못된 것일까요?
단지 여러분의 노래가 잘못된 것은 아닐 겁니다.
모든 노래는 뜻이 담겨있고,
그것을 펼칠 수 있는 공간은 분명히 있습니다.

여러분이 생각하는 그 꿈과 노력,
지금 당장은 아닐지라도
언젠가 무대를 만나게 된다면
충분히 인정을 받을 수 있습니다.

쉽게 포기하지 마세요.
종이 한 장 차이입니다.

Don't Judge Me

미국 드라마를 보면 이런 말이 종종 나옵니다.

Don't Judge Me

영어에서 매우 많이 쓰이는 문장이지만

한국에서는 이런 표현을 많이 사용하지는 않죠.

직역을 해보자면,

"나를 평가하지 마."

정도의 의미겠지요.

사람은 평가하기를 좋아합니다.

상대방도 나를 평가하고

나도 상대방을 평가하죠.

때로는 보이지 않는 곳에서 평가를 하기도 하고,

보이는 곳에서 평가를 하기도 하며

서로에게 상처를 줍니다.

하지만 평가의 기준은 어디서 나오는 것일까요?

과연 타인이 보는 세상의 시야와

여러분이 보는 세상의 시야가 같은 것일까요?

그리고 그것이 꼭 옳다고 할 수 있을까요?

한 사람의 시야로 다른 사람을 판단하는 것은 정말 위험한 일입니다.

선생님은 살아오면서 사회적 지위와 다른 사람들을 많이 보았습니다.

대학을 나오지 못했지만 10명의 일을 혼자 해내는 위대한 대리님

달변가가 아니지만 모든 장애를 웃으며 슬기롭게 해결하는 차장님

회사에서 인정받진 못하지만 어떻게 살아야 하는지 삶의 지침을 알려
준 책임님

물론 사회적 지위는 높지만 그렇지 않은 사람도 많이 보았습니다.

거창하게 이야기를 하지만 막상 장애가 나면

아무것도 못하고 발만 동동 구르시는 차장님

타인의 잘못을 지적하며 고상한척하지만

똑같은 잘못을 하고 있는 과장님

신기술을 새로운 용어를 남발하며 인정받지만

실전에서는 전혀 도움이 안 되는 수석님

보이는 것이 전부가 아닙니다.

다른 사람을 함부로 판단하는 것은 나중에 여러분들에게 큰 짐으로 다가올 수 있습니다.

초한지의 유방, 오클랜드의 빌리빈 감독, 아이젠하워 대통령
남들이 보지 못했던 그것을 바라보았던 훌륭한 위인들처럼
사람을 다양한 면을 존중하고 이해해 보시는 건 어떨까요?

아, 반대도 마찬가지입니다.

남이 여러분을 함부로 판단한다고 해도 기죽지 마세요.
그들의 판단이 꼭 옳으리라는 보장은 없으니까요.

섣부른 평가로 상처 주고 상처받지 마세요.

6장. 교과서에 없는데 자꾸 나와요, 이게 뭔가요?

알아두면 쓸모 있는 이야기

자리가 바뀌면 풍경이 바뀐다

가끔 소통을 하기 힘든 사람을 만날 때가 있습니다.
그 사람들의 특징 중에 하나는 언제나 자기중심적으로 말을 한다는 점입니다. 대화의 흐름에서 벗어나 자신의 관심사와 경험을 일방적으로 이야기하는 것을 더 선호합니다.
'안궁'금하고 '안물'어본 이야기들을 상황에 맞지 않게 꺼낸다는 것이죠.

상대방의 관심을 고려하지 않은 대화는 당연히 소통을 잘 이끌어 내지 못하겠죠.

얼마 전 아이의 엄마가 된 선배님과 커피숍에서 우연히 만난 적이 있습니다. 그 선배님은 아기와 함께 나왔는데, 대화하는 동안 저는 아기 기저귀를 갈 곳을 찾는 아이 엄마의 시야를 공유하게 되었습니다. 그전에는 전혀 신경 쓰지 않았던 수유실이 그제야 눈에 보이기 시작하더군요.

웹툰 '송곳'에 보면 이런 대사가 나오죠.

"자리가 바뀌면 풍경이 바뀐다"

우리는 모두 서로 잘 알지 못하는 입장과 관점이 있는데,

그것을 조금도 고려하지 않는다면 혼자만의 만족이며

어떤 관계에서든 좋은 효과를 내지 못합니다.

그럼 이 사실을 시험에 대입해 보면 어떨까요?

좋은 성적을 받고자 한다면 **출제자의 의도**를 잘 파악해야 합니다.

시험은 말하자면 **출제자와의 대화**이기 때문이죠.

내가 아무리 많은 공부를 했어도 출제자의 의도가 반영되지 않는 부분만 봤다면, 억울하겠지만 좋은 결과를 기대하기 힘듭니다.

출제자의 의도를 가장 잘 파악하는 방법은 무엇일까요?

네, 다들 머릿속에 떠오르는 것 맞습니다.

'기출문제'

기출문제를 여러 번 풀다 보면 자연스럽게 출제자의 의도를 몸소 느끼게 됩니다. 그리고 출제자가 원하는 것을 다양하게 파악하며, 남들보다 좋은 성과를 낼 수 있는 것이죠.

아름답지 않은 세계 3대 미항?

여러분은 세계 3대 미항이라는 말을 들어 보셨나요?
미항은 아름다운 항구라는 뜻일 텐데요, 호주의 시드니
항, 이탈리아의 나폴리항, 그리고 브라질의 리우데자네
이루 항을 세계 3대 미항이라고 이야기하죠.

그런데 대부분의 여행객들이 이곳을 방문했을 때,
특별히 아름답다는 느낌은 받지 못한다고 합니다.
그저 일반적인 항구도시 같은 느낌이라고들 하죠.

그렇다면 이곳들은 어떻게 3대 미항이라는 타이틀을
얻게 되었을까요?

※선생님의 생각

관점의 차이가 있었습니다.

3대 미항은 여행자들에게 미항이 아니라 **뱃사람들에게 미항**이었던 것이죠.

육지에서 바라본 항구가 아닌 **바다에서 바라본 항구**가 너무나 아름다웠던 것입니다.
오랜 항해를 하고 돌아오는 뱃사공들에게는
불모지에 존재하는 이 항구들이 그렇게 소중하게 보일 수 없었던 것이죠.

너무 좁은 관점으로 세상을 바라보지는 마세요.
상대방의 입장에서 세상을 바라본다면
여러분은 더욱 넓은 시야를 가진 인생을 살 수 있을 겁니다.

값비싼 초콜릿이 저렴해 보이는 순간

선생님이 인도네시아로 여행을 갔었을 때 일이었습니다.
현지 공항의 면세점에서 작은 초콜릿 하나가 5천 원에 판매되고
있었죠. 상당히 높은 가격에 정말 이걸 사는 사람이 있을까 생각
하며 돌아서려는데, 진열대 앞에 태블릿이 보였습니다. 그 태블릿
에는 자연과 사람들의 모습을 담은 영상이 나오고 있었죠.

인상 좋은 인도네시아 아저씨가 카카오 열매를 따는 모습
카카오 열매를 직접 볶는 모습
절구통에서 빻는 모습
열매를 초콜릿 틀에 솜씨 좋게 넣는 모습
그것을 자연 채광에 말리는 모습

이 초콜릿 하나가 나오기까지 모든 공정을 보여주고 있었습니다.
그 영상을 보고 나니 5천 원이라는 가격이 더 이상 비싸게
느껴지지 않았죠.

세상은 결과만으로 평가받는 경우가 많습니다.
싼 가격, 화려한 마케팅 같은 것들로 말이죠.

그렇지만 과정이 정의로웠다면,
또 그 과정을 잘 표현해냈다면,
결과만이 아닌 **과정**으로서도 평가 받을 수 있습니다.

여러분들의 과정과 결과가 높이 평가받을 수 있도록
정의롭게 노력해보세요.
정의롭다면
언젠가는 그것을 잘 표현해줄 누군가가 나타날 것입니다.

엉뚱한 질문

젠트리피케이션

젠트리피케이션(Gentrification)을 들어보았나요? 낙후되었던 지역이 활성화되면서 급격하게 오르는 임대료를 기존의 소상공인들이 감당하지 못해 떠나고 대형 프랜차이즈 등으로 대체되는 현상을 일컫는 말입니다. 소상공인들의 개성 있는 동네가 점차 사라져 가는 이 사회문제는 안타깝게도 자본주의 방식 안에서는 해결책이 없다는 이야기도 나오고 있습니다. 만약 여러분이 정책적인 권한을 가지고 있다면 젠트리피케이션 문제에 어떤 해결책을 제시하겠습니까?

* 소상공인의 계약 기간을 현행 5년에서 10년으로 늘린다.

* 일정 규모 이상의 기업이 진출하지 못하도록 한다.

* 일주일에 1~2번 정도 프랜차이즈점의 정기휴일을 만들어 이날에는 소상공인들이 거리에서 포장마차처럼 장사를 할 수 있게 한다. 마치 대형 마트의 휴점일을 정해 전통 시장을 이용하도록 하는 것처럼.

* 떠오르는 핫한 동네의 특징들을 조사한 후, (경리단길, 망리단길, 연남동 등은 길이 예쁘면서 좁고 길가에 문이 많으며 건물들이 낮다.) 이러한 동네를 발굴해서 새로운 핫플레이스를 만든다. 소상공인들을 이러한 핫플레이스로 유입시키거나 펀드나 조합을 활용해 상권과 함께 성장할 수 있는 기틀을 마련한다.

사회공학적 해킹

인터넷 웹호스팅 업체 나야나가 랜섬웨어의 해킹을 당한 일화 들어보셨나요?

나야나는 1000여 개의 홈페이지를 호스팅하고 있던 나름 건실한 기업이었습니다. 그런데 어느 날 랜섬웨어 공격으로 인해 고객들의 데이터가 모두 암호화되어버리는 상황이 발생했습니다. 그래서 데이터를 복구하는 대가로 해커에게 13억 원이나 지불해야 했던 비운을 겪게 되었죠.

이번에는 다양한 해킹의 방식 중에 하나인 '사회공학적 해킹'에 대해서 이야기하고자 합니다.

'사회공학적'이라는 말은 알고 보면 아주 단순한 의미지만 처음 들었다면 생소하게 느껴질 수 있을 것 같아서 간단하게 설명해 보겠습니다.

금고가 있습니다.

금고 안의 돈을 훔치기 위한 방법들은 어떤 것들이 있을까요?

초강력 드릴로 뚫거나, 영화처럼 첨단 장비로 잠금 번호를 해킹하는 것?

그런데 그것보다 훨씬 더 쉬운 방법이 있습니다.
누군가가 금고를 열 때 비밀번호를 훔쳐보는 것이죠.
또는 금고 관리자를 매수할 수도 있고요.
이처럼 인간의 실수나 배신을 이용해 해킹하는 방법을
'사회공학적 해킹'이라고 합니다.
호스팅 업체 나야나 역시 사전에 탈취된 계정 정보에 의해
해킹이 시작되었다고 합니다.

이 사회공학적 해킹으로 세계를 떠들썩하게 했던 사건이
바로 위키리크스 파문이었죠.
이 사이트의 운영자 줄리안 어센지는 내부고발자들의 신원을 철저하게 보장해주는 비리 폭로 플랫폼을 만든 사람입니다. 그는 제보를 통해 얻은 정보를 바탕으로 세계 주요 기관들의 비리들을 대중에게 공개했죠. 세계 주요 기관의 첨단 보안 시스템도 내부고발자의 폭로는 막을 수 없었습니다. (이런 분야에 관심이 있는 학생이라면 위키리크스 사건을 모티브로 만든 영화 '제5계급'을 추천합니다.)

보안 관리도 중요하지만 사람의 배신을 이용한 해킹은 그 어떤 기술적인 방법으로도 막을 수 없습니다.

그렇다면 이러한 사회공학적 해킹을 막을 수 있는 방법은 무엇일까요?

바로 내부 구성원들의 마음을 제대로 헤아리고 단결시키는 것이겠죠.

아무리 기술이 발달한다고 해도,
인간을 이해하고 사회를 공정하게 만드는
문과생의 역할 또한 점점 중요해지고 있습니다.

비즈니스 모델 이야기

비즈니스 모델, 경영학에 관심이 있다면 익숙한 용어일 겁니다.
단순하게 말하자면 돈을 만들어내는 사업의 틀을 의미하죠,
자주 쓰는 말이지만 정의가 모호한 경우가 많아 사례로 설명해 볼
게요.

프린터만 판매하던 방식에서 벗어나
프린터는 싼 가격에 제공하고, 토너를 비싸게 파는 수익 구조.

면도날이 포함된 면도기를 판매하던 방식에서
면도기를 무료로 제공하고
면도날의 비용을 받는 수익 구조.

전자기기를 저렴하게 제공하면서
그 안의 콘텐츠를 판매하는 샤오미.

아이템은 달라도 유사한 비즈니스 모델을 가진 사업들입니다.

온라인 강의에서도 새로운 비즈니스 모델로 성공한 회사가 있습니다.

이제는 레드오션이라고 여겨졌던 토익 학원 업계에서
'완강하면 환불'이라는 비즈니스 모델로 수많은 수강생들을 끌어모은 영단기.

미리 예약하는 고객에게 싼 가격을,
급하게 예약하는 고객에게는 비싼 가격을 책정해서
저가항공사의 공격을 막은 아메리칸 에어라인.

위 사례는 비즈니스 모델과 수익 구조 설계가 잘 맞물려서 성공한 케이스들입니다.

비즈니스 모델은 멀리 있지 않습니다.
여러분이 매일 겪고 있는 생활 속에도 훌륭한 비즈니스 모델은 얼마든지 생각해 낼 수 있습니다.

비즈니스 모델을 설정하는 좋은 기획자가 되고 싶나요?
지금 느끼는 불편들을 잘 메모해두는 습관을 가져 보세요.
그것들이 뭉쳐서 좋은 비즈니스 모델을 떠올릴 수 있을 겁니다.

OK 캐시백의 비즈니스 모델은?

OK 캐시백은 고객이 사용하는 카드의 포인트가 쌓여 가맹점에서 현금처럼 쓸 수 있도록 해주는 서비스입니다. 그리고 A라는 가맹점에서 쌓은 포인트를 다른 가맹점에서도 쓸 수 있는 편리함을 제공하죠. 그럼 OK 캐시백은 어떤 방법으로 수익을 남기는 걸까요?

※선생님의 생각

OK 캐시백은 통합 포인트 운영업체입니다. 소비자는 할인을 받고 싶어 하고 판매점은 매출을 올리고 싶어 합니다. 그 둘을 적절히 연결하는 중간업체가 바로 OK 캐시백이죠. 매출을 올리고 싶어 하는 판매점들을 모아 통합 포인트를 만들고, 고객은 어떤 가맹점에서든 할인 받을 수 있게 한 것입니다.

그렇다면 OK 캐시백은 어디서 수익을 내고 있을까요?
바로 고객의 포인트를 보관하는 것이 비즈니스 모델입니다. 만약 여러분이 A빵집에서만 원짜리 빵을 구입하고 500원의 포인트를 쌓았다고 합시다. A빵집은 여러분의 500원을 OK 캐시백에게 대신 지불합니다. 여러분이 그 포인트로 B빵집에서 할인을 받으면, B빵집은 OK 캐시백으로부터 500원을 받게 됩니다. 이 과정에서 유효기간이 지난 포인트들을 통해 수익을 내게 됩니다.
 비즈니스 모델을 설계하는 것은 생각보다 어렵지 않습니다. 여러분이 필요성을 느끼는 것들을 노트에 적어보세요. 그리고 다양한 사람들에게 의견을 들으며 구체화시키면 그것이 비즈니스 모델의 기초가 되는 겁니다.

인정받는 대화법
인문학으로 풀다

사드 문제로 한국과 중국, 미국이 민감한 신경전을 벌이고 있던 때였습니다. 당시 사드 배치가 결정되던 시점에 중국의 왕이 외교부장이 했던 말이 있습니다.

"우리는 마치 칼춤을 추는 항장을 바라보는 유방과 다를 바가 없다."
초한지를 좋아하던 저로서는 정치적 입장을 떠나 이 표현이 그들의 입장을 탁월하게 표현했다는 인상을 받았습니다. 이 메시지에 담긴 역사적 배경을 알면 매우 흥미롭게 다가오기 때문이죠.

천하의 패권을 두고 다툰 중국의 초한 시대, 유방과 항우는 본래 한편이었습니다. 부패한 진나라를 타도하기 위해 일어난 의병 무리들 중 하나였죠. 각자 다른 방향에서 진나라의 수도를 향해 진군하던 두 군대 중 유방 쪽이 먼저 진나라의 수도를 점령했습니다. 그러자 더 큰 욕심이 생긴 유방은 같은 편인 항우를 배신하고 수도를 독차지하려 합니다. 항우가 수도에 닿기 위해 반드시 거쳐야 하는 깊은 골짜기만 봉쇄한다면 혼자 수도를 차지할 수 있을 것이라 생각했던 것이죠. 그러나 항우의 군대는 예상보다 막강했고, 막기 쉬울 것 같았던 골짜기는 쉽게 뚫리고 맙니다. 이제 유방의 군대가 항우의 군대 앞에 속수무책으로 당할 일만 남게 된 상황이 었죠. 항우는 승리를 코앞에 두고 옛정을 생각해 유방을 술자리에 초대합니다. 배신을 하게 된 이야기라도 들으려는 것이었겠죠. 유방은 이 초대에 응하지 않는다면 곧바로 전쟁이 일어나 자신의 군대가 패배할 것임을 알았기 때문에 목숨이 위태로운 자리임에도 참석하게 됩니다. 그런데 항우의 책사였던 범증은 항우가 인정에 약해 술에 취하면 유방을 용서해 줄 것만 같았습니다. 그래서 부하인 항장에게 술자리에서 칼춤을 추다가 기회를 엿보아 유방을 죽이라고 명령합니다. 유방도 그것을 직감하고 있었기에 항장이 추는 칼춤이 간담 서늘하게 느껴졌을 것입니다. 유방의 오른팔인 번쾌가 이를 알고 일어나 함께 칼춤을 추어서 겨우 유방이 목숨을 건질 수 있었던 이 사건은 동양뿐만 아니라 서양에서도 유명한 일화입니다. 소설로 읽어보면 그때의 긴장감은 말로 표현하기 힘들 정도죠.

사드와 관련해서 왕이 중국 외교부장은 '항장의 칼춤 그리고 유방의 위기감'이라는 스토리로 중국의 입장을 명확하게 표현한 것이죠.

대화를 잘하는 중요한 요소 중 한 가지는 '인문학적인 교양'입니다. 외국인 친구들과 대화를 하다 보면 문화/정치/경제/역사 등에 관련된 주제가 많이 나오곤 합니다. 심지어 프랑스에서는 사람들과 대화를 하기 위해 꾸준히 독서를 한다고 하지요.
같은 메시지라도 내 이야기에 힘을 실어주는 좋은 방법,
'인문학적 교양'에 기반을 둔 사례 제시입니다.

책을 읽지 않고 산다는 것은

선생님이 오키나와 여행을 갔을 때였습니다.
일본어를 전혀 못했던 저는 혼자서 아무런 준비 없이 이곳에
온 것이 다소 무모하게 느껴졌습니다.
읽을 수 있는 간판 하나 없었고 오키나와가 그렇게 좋다고들 하는
데, 뭐가 좋다는 거야? 라는 생각만 들었죠.

그러다 우연히 만난 한국인 게스트하우스 사장님과 대화 속에서
이곳의 역사와 문화를 알게 되었고,
아무것도 아니었던 스쳐지나갔던 곳들이
의미를 가진 공간으로 다가오게 되더군요.

그때 문득 이런 생각이 들었습니다.
책을 읽지 않고 살아가는 것은
내가 지금 걷는 이 길이 왜 중요하고
어떤 의미가 있는 것인지 잘 모른 채 지내는 것은 아닐까?

지금 걷는 이 길을 왜 가고 있는지 의미를 모르겠다 싶으면
그와 관련된 책을 읽어보세요.
내가 걷는 길의 의미와 역사와 사상을 이해한다면
여러분들의 영혼은 훨씬 더 풍요로워질 것입니다.

봉준호 감독이 일류인 이유
표현의 힘

봉준호 감독을 아시나요?

살인의 추억, 괴물, 설국열차, 옥자

우리가 사는 사회를 흥미롭게 비유하는 감독으로 유명하죠. 봉준호 감독이 일류라고 불리는 이유는 획기적인 시나리오에도 있겠지만, 천재적인 전달력 또한 큰 역할을 하지 않았나 생각합니다.

이 그림은 봉준호 감독이 직접 그린 그림이라고 합니다.

봉준호 감독은 사회학을 전공했지만,

상상력이 풍부한 만화 마니아였습니다.

그의 시나리오는 이렇게 원고가 아닌 만화와 동선으로 이루어졌고, 덕분에 연기자는 감독이 원하는 연기를 좀 더 쉽게 표현할 수 있었다고 합니다.

일류 감독이 되기 위해 좋은 시나리오를 고르거나 쓸 수도 있어야겠지만, 그것을 배우에게 잘 **'전달하는 능력'** 역시 중요합니다.

여러분이 수능 1등급을 받는다 해도 성공을 보장해 줄 수 없지만,

다른 사람을 1등급으로 만들어 줄 수 있는 전달력이 있다면

아마 큰 성공을 이룰 수 있을 겁니다.

숫자 3으로 1부터 9까지 만들기

여러분이 알고 있는 모든 수식을 활용해서 아래의 조건
을 만족시켜 보세요.

$$3 \ 3 \ 3 = 1$$
$$3 \ 3 \ 3 = 2$$
$$3 \ 3 \ 3 = 3$$
$$3 \ 3 \ 3 = 4$$
$$3 \ 3 \ 3 = 5$$
$$3 \ 3 \ 3 = 6$$
$$3 \ 3 \ 3 = 7$$
$$3 \ 3 \ 3 = 8$$
$$3 \ 3 \ 3 = 9$$

※선생님의 생각

세 개의 숫자 3으로 1부터 9까지 만들기

$$(3! - 3) \div 3 = 1$$
$$(3 + 3) \div 3 = 2$$
$$3 + 3 - 3 = 3$$
$$3 + (3 \div 3) = 4$$
$$3! - (3 \div 3) = 5$$
$$3! + 3 - 3 = 6$$
$$3! + (3 \div 3) = 7$$
$$3! + (3! \div 3) = 8$$
$$3! + 3! - 3 = 9$$

물론 위의 수식 이외에도 많은 답들이 있습니다.
성립되지 않는 수식일지라도 계속 도전하는 자세가 중요합니다.

수능을 목전에 둔 학생들에게

시험, 면접, 발표, 공연.
이들의 공통점은 무엇일까요?
너무나도 짧은 시간 동안의 나의 표현이
너무나도 많은 것들에 영향을 끼칠 수 있다는 점이겠죠.

누군가 무대에서 노래를 부르거나 공연을 한다고
생각해보세요. 아무런 마음의 잡생각이 없이 음악에 몰입할 때
실력이 제대로 나오고 청중들도 감동을 받게 됩니다.

코미디 공연도 마찬가지입니다.
코미디언이 웃음을 위해 관객을 너무 신경 쓰다 보면
오히려 어색한 웃음을 만들게 됩니다.
태연하게 자기 할 말을 하는 것이 관객들이 보기에는 더 재미있죠.

무대 위에 서는 그 순간
'사람들이 날 안 좋게 보면 어떡하지'
'이 공연이 엉망이 되면 나도 큰일 날 텐데'

이런 두려움이 먼저 든다면 있는 실력조차
발휘할 수 없게 됩니다.
여러분이 할 수 있는 공연 준비가
끝난 시점에서 그런 고민을 한다고 나아지는 것은 없습니다.
시험은 말 그대로 시험입니다.
겸허히 본인의 노력에 대한 시험을 받으세요.

잘 풀리면 잘 풀리는 대로, 안 풀리면 안 풀리는 대로.
리듬에 맞춰서 노래를 부르듯이
앞 소절을 보고 뒤 소절이 생각나듯이
연습했던 표현을 따라 손이 가는 대로.

큰 실수를 한다고 해도,
그 실수는 나중에 더 소중한 경험으로 돌아올 수 있습니다.
그저 겸허히 내가 부를 수 있는 노래 부르고 온다고
생각해보세요.

에필로그
시험보다 더 중요한 것들

선생님이 20살이 되던 해,
집안에 남은 것이라곤 빚밖에 없어 대학 진학을 포기할 뻔했습니다. 어머니는 어떻게든 돈을 구해 올 테니 재수를 하라고 권하시더군요.
그렇게 학원비는커녕 생활비도 없는 상태로 재수 생활이 시작되었습니다.
생활비를 벌기 위해 독서실 총무 일을 하면서 준비했던 수험생활은 생각보다 힘들었고 캄캄한 동굴 속을 걷는 기분이었습니다.

그러던 어느 날 어머니가 어떤 아주머니에게 무시를 당했다는 이야기를 들었습니다.
돈도 없는데 왜 재수를 시켜서 '**무모한 도전**'을 하냐는 것이었죠.
그분의 자녀는 유명 재수학원의 좋은 환경에서 공부를 하고 있었습니다.

그때부터 저는 공부에 미친놈이 되어
그 아주머니에게 복수를 하고자 했습니다.

운 좋게도 원하는 대학에 입학을 하였고
아주머니의 딸은 그러지 못했죠.

안될 것처럼 보이던 목표들이 이루어진 것을 느낀 순간,
다른 어떤 일에도 자신감이 생겼습니다.
바라고 원하는 것들이 하나둘씩 이루어지는 것을 보면서
정말 세상은 노랫말처럼 '말하는 대로 맘먹은 대로' 된다고 믿었죠.
그리고 2012년 드디어 집을 얻어 어머니를 모시게 되었습니다.
가정 형편 때문에 무려 8년 동안 따로 지내던 어머니였죠.

제가 많은 것을 이루고 있는 동안 어머니는 정말 힘겹게 사셨습니다. 어머니는 갚지 못한 빚에 항상 허덕이셨고, 지방에서 지내다
가끔 서울에 올 때면 찜질방에서 주무시고 가곤 했습니다.
제 힘으로 구한 서울 집에서 편하게 지내시는 모습을 보면서
세상에서 가장 큰 보람을 느꼈죠.
그러나 행복했던 그 시간은 그렇게 오래 가지 않았습니다.

다시 합치게 된 지 3개월 만에 어머니는 급성 위암으로 돌아가셨죠.
바라는 대로 되지 않던 것이 없었던 그동안의 삶에서
아무리 원하고 바라도 되지 않던 것이 있었습니다.
뼈 속까지 시리고 아픈 무력감에 휩싸였죠.

돈, 성공, 명예 중요합니다.

공부, 좋은 성적도 물론 중요합니다.
그렇지만 더 중요한 것이 있더군요.

원고를 다듬는 마지막 작업에서 항상 저의 글을 좋아하고
용기를 북돋아 주었던 어머니가 생각이 났습니다.
학생들을 만나서 가르치다 보면 부모님과 갈등을 가진 학생들을
많이 만나게 됩니다.
공부가 물론 중요하기도 하겠지만,
그것보다 더 중요한 것이 있으리라 생각합니다.
많은 학생들이 공부보다 중요한 그 무엇을 생각하며
인생의 방향을 설계하였으면 합니다.

저의 글을 가장 좋아하고 용기를 북돋아 주었던 첫 번째 독자
어머니께 저의 첫 번째 책을 바칩니다.

읽어 주셔서 감사합니다.

대흥동에서 정재훈

감사의 말

이 책이 나오기까지 힘써주신 많은 분들께 감사의 말씀을 전합니다. 느낌 있는 캘리그라피로 책을 살려주신 최철헌님 정말 감사드립니다. (instagram.com/zzorun)

바쁜 와중에도 원고를 읽어주시고 추천사를 써주신 김포 스파르타 학원 이흥주 원장님, 제이엔위즈 한상철 대표님, 삼성디스플레이 윤경수님, 싱어송라이터 하젤님 정말 깊은 감사드립니다.

예쁜 손글씨로 삽화를 도와준 오다은님 감사드립니다.

이 원고를 같이 만들었던 기숙학원의 멘토링 학생들에게도 진심으로 감사의 말씀을 드립니다. 이상한 선생님의 엉뚱한 질문에도 성실하게 재미있는 답변을 해준 이 친구들이 없었다면 1년에 걸친 원고 작업을 마무리하지 못했을 것입니다.

원고를 읽고 좋은 피드백을 해주신 여양두님, 이대호님, 탁진현 작가님, 장정민님등 모든 분들께 깊은 감사드립니다.

이미지 출처

23p 한국 도로공사

71p 별빛누리공원

83p https://edition.cnn.com/2017/02/18/us/columbia-university-application-mistake/index.html

101p 톰톰이

129p https://www.youtube.com/user/TheForeverGlamorous

129p https://www.youtube.com/watch?v=8nhQHLbe6As

129p http://photos.bwca.com/s/SCHWEADY-120314-071738.JPG

140p https://www.youtube.com/watch?v=8nhQHLbe6As

211p http://www.cinemanews2.com.br/wp/wp-content/uploads/2017/04/okja-6.jpg

수학, 꼭 해야 하나요?

IT기업을 운영하는 수학강사와 수험생들이 주고받은 솔직한 수학 공부 이야기

1판 1쇄 발행 2018년 4월 10일
　2쇄 발행 2018년 12월 20일

지은이 정재훈
펴낸이 강준기
펴낸곳 메이드마인드
디자인 유지훈, 고정현, 김주현

주소 서울시 마포구 용강동 67-1 인우빌딩 5층
주문 및 전화 070-7672-7411
팩스 0505-333-3535
이메일 mademindbooks@naver.com
출판등록 2016년 4월 21일 제2016-000117호
ISBN 979-11-959242-7-1 (0300)

표지 폰트 출처
나눔명조 – 네이버 나눔글꼴
뉴욕커 – 저작권자 유토이미지(UTOIMAGE.COM)